湛庐CHEERS

与最聪明的人共同进化

HERE COMES EVERYBODY

U0820495

CHEERS
湛庐

蒙台梭利家庭观察手记

0~3岁

尹亚楠
吴永和 著

MONTESSORI AT HOME

MONTESSORI
AT HOME

我听过了，我就忘记了；我看见了，我就记住了；我做过了，我就理解了。

——玛利亚·蒙台梭利

观察提示 0~4 个月

抬头
反射动作
翻身

眼睛追踪人或物
看自己的手
抓握

哭
笑
发音

认识家庭成员
兴趣持续时间

对陌生人的反应
妈妈离开的反应

观察手记
0~4 个月

观察手记
0~4 个月

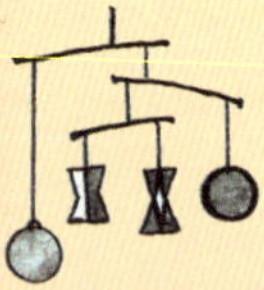

观察手记
0~4 个月

观察手记
0~4 个月

观察手记
0~4 个月

观察提示 5~12 个月

翻身
靠着坐
独立坐
爬
扶着站
扶着走
独立走

几个手指抓握
投放
套环
拍手
自主放手
两手合作
左右手倾向

互动式交流
回应简单的指令
模仿动物叫声
说出有意义的字词

寻找消失的物品
注意小细节
捉迷藏游戏
专注时间更长
重复地扔东西

对陌生人的反应
情绪变化频率
对陌生环境的反应
与其他孩子的互动
与亲近的人的互动
受挫的反应

观察手记
5~12 个月

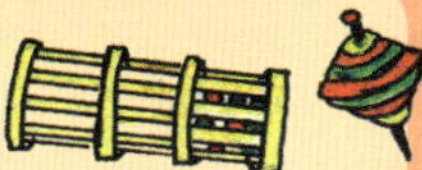

观察手记
5~12 个月

观察手记
5~12 个月

观察手记
5~12 个月

观察手记
5~12 个月

观察手记
5~12 个月

观察提示 13~36 个月

走路姿势
跑
攀爬
开关门
骑车
上下楼梯
搬重物
跳跃

精准投放
拧
两手敲鼓
往杯子里倒水
使用叉子、勺子
搭积木塔
左右手倾向

回应指令
回应名字
使用高级词汇
回答简单问题
简单提问

专注时间
对危险的评估
配对和分类
认识颜色和形状
使用“不”“我的”
理解时间和数量
比较大小、多少、长短等
参与手指歌谣活动
使用“我”“你”“他”

和亲近的人的互动
集体环境中的反应
交友倾向
合作玩耍
复杂情绪（恐惧、自豪、内疚、嫉妒等）
共情
等待
分享

观察手记
13~36 个月

观察手记
13~36 个月

观察手记
13~36 个月

观察手记
13~36 个月

观察手记
13~36 个月

观察手记
13~36 个月

观察手记
13~36 个月

观察手记
13~36 个月

观察手记
13~36 个月

观察手记
13~36 个月

观察手记
13~36 个月

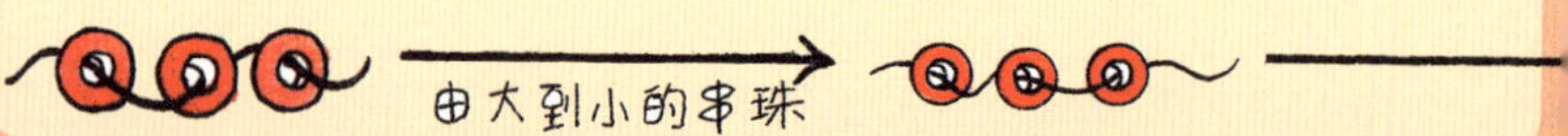

观察手记
13~36 个月

观察手记
13~36 个月

观察手记
13~36 个月

观察手记
13~36个月

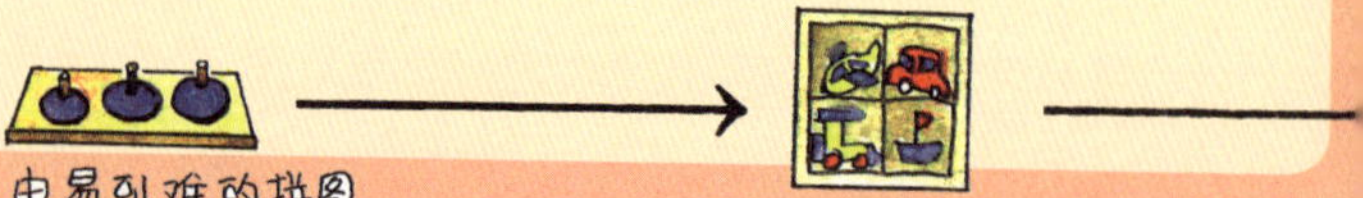

由易到难的拼图

观察手记
13~36 个月

观察手记
13~36 个月

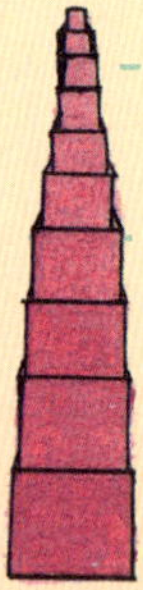

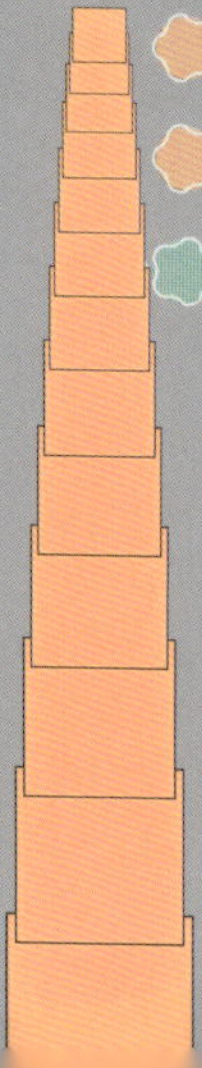

CHEERS
湛庐

蒙台梭利家庭方案 0~3岁

MONTESSORI AT HOME

尹亚楠 吴永和 著

浙江科学技术出版社·杭州

测一测

在家就能进行的蒙氏教育，你真的了解吗？

扫码加入书架
领取阅读激励

扫码获取全部测试题及答案，
一起在家践行蒙氏教育

- 一个快三岁的孩子突然有一天冲进厨房，想跟妈妈一起做饭，这时妈妈更好的做法是：

  A. 让孩子去玩厨房玩具

  B. 对孩子说："你太小了，等你长大了再来干。"

  C. 让孩子帮助择菜

  D. 大声呵斥孩子远离厨房

- 与一岁不到的宝宝进行亲子共读，父母更好的做法是：

  A. 当孩子撕书的时候视而不见

  B. 尽量将书面语全部变成口语

  C. 不允许孩子打断自己的朗读

  D. 跟随孩子的兴趣，他指哪就讲哪

- 随着年龄的增长，孩子会找各种借口拖延睡觉的时间，这时候父母更好的做法是：

  A. 温柔而坚定地不回应孩子的借口

  B. 满足孩子的所有需求

  C. 用不讲睡前故事来惩罚孩子

  D. 威胁孩子再不睡觉就不理他了

扫描左侧二维码查看本书更多测试题

跟随孩子的成长节奏

陈爱娣
国际蒙台梭利协会中国隶属协会创始人

亚楠和我算得上忘年之交，我们都对教育充满热忱，也愿意身体力行做些事情。她此次邀请我为她和吴永和博士的新书作序，我感到十分荣幸。通读全书，我感佩于二位作者在这本书上倾注的精力，感动于他们分享的家庭细节，感慨于他们对蒙台梭利教育方式的深刻理解。

“幼吾幼以及人之幼。”亚楠利用自己带孩子的时间积累素材、搜集资料，不断摸索和尝试，将活动设计与操作领悟分享给读者，为更多的家长提供建议，实乃美事一桩。

读这本书的时候，我不禁回想起自己作为教育领域的“专家”时常遇到的情况。焦急的家长常在讲座后拉住我，向我咨询关于他们孩子的问题，“为什么”和“应该怎么办”是我最熟悉的话。有的时候，为了节约时间，家长们甚至会跳过“为什么”，直接问“怎么办”。我常忍不住想，如果我只是通过简单询问几句，就可以给出诸如“在地板上放一面镜子”或者“在家里放上某教具”这样的建议，然后家长立刻照办，收到了立竿见影的效果，孩子马上就变成了家长眼里“没有问题”的孩子，那该有多好！一条妙计皆大欢喜，这样我才对得起“专家”这个称呼。

可现实是，我并没有这么具体可行的妙计，因为我不是和那个孩子朝夕相处的人，来听讲座的家长很可能也是头一次与我见面。面对这些家长殷切期盼的眼神，我往往会很谨慎地给出建议，因为那个让家长忧心忡忡的孩子，我并不了解。我不知道他每日的生活规律，不知道他的喜怒哀乐，不知道他的脾气、爱好……于是我只能比较宽泛地解释：“要观察孩子的需求，移除不必要的阻碍……”这在很多家长看来，操作起来简直难于上青天。然而我自己知道，在说这话的时候，我是极认真、极真诚的。就像亚楠在书中所说，观察孩子是最基础、最重要、最不可缺少的过程，因为每个孩子都是独立的个体，有自己的个性和特点，没有观察，谈何建议？

那么，如何观察孩子呢？如何发现和回应孩子的需求呢？书里就有很多很好的具体建议。同时，亚楠分享了她的观察所得，还附上了很多家庭活动的操作步骤。跟随那些细致的步骤，活动的画面都能展现在你面前。只是步骤再细致，描述再到位，也依然不及用心观察你眼前那个活泼的孩子，那个值得用最大的爱意去尊重的小人儿。这就是作者花了许多篇幅介绍观察方法、孩子的发展特点以及成人应扮演的角色的原因。每一个操作步骤的“灵魂”，都在于理解。

现在，请家长放慢脚步，跟随孩子的节奏，带着对自己和孩子应有的信心，带着轻松的心情，开始阅读吧。要相信，在家庭中，很多专家解决不了的“问题”，爱和理解可以解决。感受到尊重和爱的孩子，将会自信满满地迎接明天。

育儿道理很多，难在如何去做

> 我们不是为今天的世界培养儿童。等他们长大的时候，这个世界就变了。我们不知道未来的世界如何，那么就教他们学会适应吧。
>
> 玛利亚·蒙台梭利

蒙台梭利教育起源于欧洲，很多欧洲的蒙台梭利学校都颇有年头，当然，欧洲也已经有好几代“蒙氏儿童”了。在欧洲生活的这些年，我有缘结识了几位已成年的“蒙氏儿童”。在这个曾经的“未来世界”里，他们都自信、自由、充满创造力地幸福生活着，他们正在创造着我们无法预知的“未来世界”。

当然，还有很多为大众所熟知的“蒙氏儿童”，比如现代管理学之父彼得·德鲁克（Peter Drucker）、亚马逊创始人杰夫·贝佐斯（Jeff Bezos）和微软公司创始人比尔·盖茨等。虽然我并不认可“蒙氏教育是成功者的摇篮”这种说法，但这种教育法的确培养出了各行各业的很多领军人物。由于蒙氏教育能够帮助孩子创造性地面向未来世界，“蒙氏儿童”也就容易获得世俗意义上的“成功”，尽管这并不是蒙氏教育的初衷。

如今中国的蒙氏学校虽然起步晚，却发展迅猛。可是对大部分家庭来说，在自家附近找到真正的蒙氏学校仍然很难。这样一来，是不是大部分中国孩子就与蒙氏教育无缘了？

其实，不论是在北美和西欧的发达国家，还是在非洲和印度的偏远地区，在全世界的各个角落都能发现很多在家中实践蒙氏教育的父母，我们称其为“蒙氏父母”。所以，将蒙氏教育应用在家庭中，完全不受地域和经济条件的限制，中国的父母也完全可以轻轻松松地把蒙氏教育带回家，让孩子从中受益。

在欧洲这些年，我很少遇到从事一线幼儿教育工作的中国人。作为欧盟地区屈指可数的中国蒙台梭利教师，我一直很想将欧洲蒙台梭利家庭教育的经验分享给中国的父母。在家庭教育这个领域，我切身体会到，欧洲要领先中国很多年，欧洲的父母早已将蒙台梭利教育的精髓自如地应用到家庭中了。

近年来，越来越多的父母朋友向我提出如何在家实践蒙氏教育的问题。学习蒙台梭利教育专业并从事一线工作多年，我感觉这不是几句话、一两篇文章或者几节课就能解释清楚的。我不推荐父母攻克蒙台梭利专业原著，不仅是因为这些专著阅读难度较大，还因为即使大家真有精力读了下来，可能也不知道怎么应用。而偏于实践、较为专业的书大多出自国外，中国的父母容易“水土不服”，况且很多书只停留在游戏活动的层面。如果仅强调形式、浮于表面地实践蒙氏教育，而没有领会蒙氏教育的精髓，没有深入地进行家庭观察并精心设计家庭环境，就算不得真正的蒙氏教育。

为什么我们如此重视家庭观察和环境设计？当然蒙氏理念不局限于此。我们用观察记录和设计图纸的方式将脑海中的蒙氏育儿地图呈现给大家，是因为对于“新手父母”和未曾接触过蒙氏理念的父母来说，家庭观察和环境设计最容易上手，最能帮助父母从实践中看到孩子的成长变化，然后逐步领悟蒙氏教育哲学，最终活学活用，培养出健康、平和、自信、独立的蒙氏宝宝。

在此，拥有十几年欧洲最顶尖机构生物科研背景的爸爸负责教养理念的科学考证，拥有 4 个国家儿童教育一线经验的妈妈负责跨文化的育儿经验比较，我们二人借着养育自己女儿的机会，将蒙台梭利家庭教育本土化的经验分享给渴望学习的中国父母，这是我们的荣耀，也自觉是我们的使命。

本书分为两个部分，第一部分从妈妈和爸爸的不同视角来分享我们眼中的蒙氏理念和蒙氏父母。

在第 1 章，我从蒙氏教育的专业角度引导大家实践个性化家庭教育。我们首先通过跟踪观察，了解孩子独一无二的发展节奏和个性特质，继而设计出适合孩子个性化成长的家庭环境。在实践之前，只有深刻理解家庭观察和环境设计背后的意义和要领，我们才能更有效地将第二部分的实践方案落地执行。

在接下来的第 2 章，我又介绍了法国妈妈敏锐、理性的教养风格和独立、自信的个性气质，她们可谓蒙氏妈妈的最佳代言。应用部分，在蒙氏理念的基础上，我也借鉴了很多法式传统育儿方法，尤其是睡眠、进餐、艺术启蒙等方面的有效经验，并在法国妈妈的启发下，尝试探索出了一条更适应现代中国社会的育儿之路。

在第3章，爸爸从自身脑科学专业的角度实证解析了蒙氏教育的几大核心理念。尽管世界上没有完美的教育理论，蒙氏教育也存在很多缺点，比如教师培训难度大、个别理论有待实证和完善等，但从家庭应用方面来说，我们所做的就是抛开存有争议或难以操作的部分，精心选择经过科学验证和亲身实践的成果与大家分享。

第4章，爸爸又从自身的角度出发，给大家分享了德国父亲的育儿启示，以及他所领悟的蒙氏爸爸在孩子成长的不同阶段应扮演的角色，并通过几个育儿场景进一步探讨了夫妻二人应如何通过互助合作的方式，提高育儿的效率和质量。

第二部分是我们夫妻二人在家实践蒙氏教育的具体方案。我们将孩子3岁以前分成3个月龄阶段：0～4个月、5～12个月以及13～36个月。每个阶段都以我们家的环境设计图纸以及对女儿成长的详细观察记录开始，然后对分区设计进行理念和实操解读。我们从喂养区/进餐区、睡眠区、护理区、活动区以及孩子的精神世界5大方面详解了各个月龄段，父母应如何在家实践蒙氏教育。

此外，我们还以自己的家庭观察记录为蓝本，参考国际蒙台梭利协会（Association Montessori Internationale，简称AMI）的心理动作发展图，为大家精心设计了0～3岁蒙台梭利家庭方案图。借助这张图，读者可以在家庭观察手记中记录孩子的成长变化。这本手记将是你们和孩子未来的财富，还有可能会成为“传家宝”。从戴安娜王妃开始，两代英国王子都接受过蒙氏教育，说不定你们的蒙氏家庭方案也能借助这本手记世代相传。

玛利亚·蒙台梭利博士常说：“我听过了，我就忘记了；我看见了，我就记住了；我做过了，我就理解了。”中国著名的教育家陶行知也认为：“行是知之始，知是行之成。”其实很早的时候，荀子就说过：“不闻不若闻之，

闻之不若见之，见之不若知之，知之不若行之。学至于行之而止矣。”这些圣人之言其实都表达了一个简单的思想：只有实践了，才能真正领会其中的精髓。

这就是很多家长为读了很多育儿书、听了很多育儿课还是无法提高教养水平而感到困惑的原因之一。育儿最难的地方就在于真正去做，哪怕你只知道一点点，马上行动，经过自己的观察、验证，再行改进，就会见效。育儿就在于当下，孩子的变化就在朝夕之间。所以，我们精心设计了本书的结构，重点就在于手把手地指导大家如何去做，如何进行家庭观察和环境设计。我们希望读了这本书的父母通过日积月累的实践，能够真正领会蒙氏教育理念的精髓。

在家中践行蒙氏教育并不能让我们成为完美的父母，而只能帮助我们成为更好的父母。在养育孩子最关键的前三年，如果能有效地提高自己的教养水平，我们便不会走太多弯路，留太多遗憾，孩子在未来的人生道路上也定会受益无穷。

目录

Part 1

理念篇

带你修炼成孩子的育儿专家

第1章

蒙氏妈妈：适应未来的个性化家庭教育

女儿的爸爸在德国个体化医疗中心工作多年，从他和他同事那里我了解到，个体化医疗将是未来一大趋势。由于基因检测技术的逐步成熟，在不久的将来，每个人在医院都会有一份基因档案，同一种病，一千个人或许就有一千种治疗方案。

作为一名国际教育工作者，我认为个性化教育也将是未来的一大趋势，每个孩子都应该享有个性化的启蒙教育。然而眼下，主流的教育模式还是以成人为主导的传统教育，因为这样的教育能最大限度地节省教育成本，易于操作和推广。我不知道个性化的学校教育何时才能全面实现，即使在欧洲，也还有很长的路要走。不过，对于大部分时间都待在家里的婴幼儿来说，在他们生命中最重要的这前三年，实现个性化的家庭教育并非遥不可及。

在本书中，我们从家庭观察和环境设计两大方面入手，引导父母在日积月累的观察中了解孩子独一无二的发展节奏和个性特质，为孩子量身定制适宜其发展的蒙氏家庭环境。说起蒙台梭利教育，如果当时听从蒙台梭利博士本人的建议，不以她的名字命名，我想这套教育法更应该被称作“个性化教育法”，而我们所分享的，就是“个性化家庭教育方案”。

每个孩子都有独一无二的发展节奏

每个孩子都有自己的发展密码，随着月龄的增加，孩子的差异性会越来越大。有的婴幼儿大动作发展明显较快，而语言发展则稍显滞后，有的则相反。他们或许在某一个阶段进步明显，又在下一个阶段发展缓慢。因此，爸爸妈妈们不必过分紧张、焦虑，更不要拿自己的孩子和别人家孩子比较，这些都是毫无意义的。我们要做的是通过科学观察，加之环境辅助，帮助孩子跟随自己的节奏去发展。如果实在不知道该怎么办，那就什么也不要做，静待花开，因为错误的安排和过度的干预都是对成长的阻碍。

蒙妈日记

当女儿从7个月大开始匍匐爬行，一直到10个月还没能腹部离地爬行时，家里人都比较着急。我在一旁给她示范，她无动于衷。老人干脆直接用双手扶起她的腰，女儿则很不情愿地抗拒。当她开始抗拒的时候，我意识到自己的教养方式没有跟随她的发展节奏，而是在为她落后于平均发展速度而焦虑。

在孩子小月龄阶段，为一点点落后而着急，这是一般父母常犯的错误，我也不例外。但是因为有先前的知识和心态准备，我能立刻调整自己，接纳孩子的发展节奏，并且多带她到同龄孩子的集体环境中观察，很快，她便通过模仿开始腹部离地爬行了。

我们的女儿，小名叫蔓蔓，不仅因为她在葡萄藤蔓下出生，更因初为人父母的我们要修炼一门功课，那就是慢下来，跟随孩子的节奏，让孩子慢慢来。我们要做的就是认识和接纳眼前这个独一无二的小生命，放下自己的功利心。

每个孩子都有独一无二的个性气质

孩子拥有独一无二的发展节奏，更有千差万别的个性气质，而很多父母缺乏对多样个性的了解和接纳。

关于个性差异的研究非常多。我认为其中最具代表性的是由美国儿童心理学家及精神病学家亚历山大·托马斯（Alexander Thomas）和斯泰拉·切斯（Stella Chess）所做的那项著名的纽约纵向研究（New YorkLongitudinal Study，简称 NYLS）。这项研究通过追踪 133 名婴儿直到他们长大成人，发现大约 2/3 的孩子可以归为三类：难养型、易养型和慢热型。

在另一项研究中，安妮耶·罗滕伯格（Annye Rothenberg）、桑德拉·希契科克（Sandra L. Hitchcock）等人[1①] 详细研究了婴幼儿在多个层面的表现差异，他们将其分成两个极端的类型，参见下表。在每项对比指标中，每个孩子的表现都是介于这两个极端类型之间的。将所有指标的描述整合起来，我们便会对孩子的个性客观地了解一二。

活跃水平	● 非常好动：坐在餐椅上不停地扭动，连睡觉都不安分 ● 不太爱动：安静地待在初始的地方，安静地坐在餐椅里，安静地睡觉
节律性	● 不规律：生活作息每天都在改变，父母无法预估他什么时候饿了，或者什么时候困了 ● 很规律：生活作息每天保持一致，几乎都在固定的时间吃饭和睡觉

① 本书参考文献均通过数字上标方式标注。扫描 258 页二维码即可下载全部参考文献内容。——编者注

续表

趋避性	● 在新的环境中，紧紧地待在父母身边，谨慎地观察周遭，拒绝吃不熟悉的食物 ● 在新的环境中，愉快地玩耍和探索，很容易接受不熟悉的食物
适应性	● 白天睡觉很难从两觉并成一觉。在接纳一个人之前需要反复、长久地跟他互动 ● 白天睡觉很容易从两觉并成一觉。非常容易接纳一个人
敏感性	● 睡眠很轻，容易被吵醒。对新接触的食物有强烈的抵抗情绪 ● 睡眠很沉，不容易被吵醒。能接受大部分食物，即使不是他喜欢的
情绪表现	● 醒来以后又哭又闹，不开心。以消极的态度应对每天的日常活动，比如吃饭、睡觉、洗澡等 ● 醒来以后微笑，心情愉悦，以积极的态度应对每天的日常活动
反应强度	● 玩耍的时候总是摔打玩具，说话声音很大。伤心的时候大声地哭闹，高兴的时候大声地笑 ● 安静地玩耍，轻巧地摆弄玩具，习惯性地观察周围环境。伤心的时候小声地抽泣，高兴的时候微微一笑
专注度	● 对于不让玩的物品，一次又一次地争取，不达目的誓不罢休。玩耍的时候很难被外界打扰 ● 很容易放弃不让玩的物品转而将注意力投放到别的事情上。玩耍的时候很容易被电话声或者身边走过的人干扰
坚持度	● 一次又一次地努力尝试得到一件不容易得到的玩具，或者尝试做不容易做到的事情。花很长时间玩一件玩具 ● 很容易放弃争取，玩耍过程中，注意力很容易从一件玩具转移到另一件玩具上去

难养型宝宝

如果你家孩子在很多维度上的表现都接近于第一种情况的话，那他很有可能属于难养型宝宝，也就是我们常说的高需求宝宝。美国罗切斯特大学的心理学家阿诺德·萨摩罗夫（ArnoldJ. Sameroff）发现，在 30 个月大时对幼儿进行智力测试，其中得分最低的，很可能是在4个月大时表现出难养型个性特征的宝宝。这很容易理解，很多高需求宝宝的父母在养育黄金期被他们的高需求折腾得没有耐心、备受挫折、疲惫不堪，也就不可能有精力为他们提供丰富的互动刺激了。这样的亲子关系和教养方式如果持续下去，孩子很容易在未来出现行为适应上的问题。

教育观察

我曾经密切跟踪观察过一位德国空姐妈妈的孩子，她的女儿比我的女儿大3个月。由于两个孩子一起长大，我对比了两个孩子一岁半以前的各种显著差异，发现这位德国小姐姐是比较典型的高需求宝宝，而且也深刻了解了高需求宝宝的父母有多么不容易。

由于小姐姐不抱着就会一直闹，空姐妈妈不得不大半天里不管是做饭还是做其他事都得抱着她；由于小姐姐在哪里都会弄出很大动静，不停地探索新鲜事物，空姐妈妈不得不高频率地带她出去玩儿，带她去体育馆。在家时，空姐妈妈会利用小姐姐短暂的睡前时光进行一些安静的亲子活动。比如，小姐姐22个月左右时开始对汉字有了浓厚的兴趣，空姐妈妈就给她做了好多汉字卡，每晚和她做识字游戏。每次识字的时候，小姐姐都表现出少见的专注和坚持。在空姐妈妈的支持和引导下，小姐姐两岁时已经认识几百个汉字了。空姐妈妈告诉我："高需求宝宝就像一个填不满的杯子，你要一直不停地填啊填，突然有一天，你发现她满了。"

正是因为空姐妈妈一直以极大的耐心和智慧去接纳眼前的孩子，小姐姐在两岁多的时候就表现得热情、活跃、自信、独立，同时心智比同龄孩子更成熟，同理心很强。有一次空姐妈妈发烧，难受地告诉女儿，她不想再母乳喂养了。一向深度依赖母乳、对自己想要的东西会坚持不懈地去争取的小姐姐竟然自此就再也不去掀起妈妈的衣服了。她就这么断奶了！

我们要通过日复一日的长期观察，深入了解宝宝的个性，仅仅是意识到自己的孩子是天生的高需求宝宝，也能大大减少我们的焦虑、内疚和失控感。同时我们还要积极调整方向，摸索与孩子的个性相匹配的教养方式。高需求宝宝不仅需要父母给他们最大限度的接纳和包容，还需要父母不断提升自己的教养能力，为高需求宝宝提供科学丰富的教养环境，满足他们对爱和新鲜体验的极高需求。

可以这样做

我给难养型宝宝父母的建议是：

1. 多带孩子去户外，让他们多参与消耗体力的活动，帮助他们消耗旺盛的精力。
2. 利用孩子短暂的安静时光，引导他们专注于做一件他们感兴趣的安静活动，让他们慢慢体会专注的美好。
3. 让孩子的日常生活尽量规律、稳定，不要有太大的环境和人事变化。
4. 任何行动都要提前告知孩子，减轻孩子激烈的对抗反应。

如果父母能以如此高的标准要求自己，未来也自然会收获高回报，那就是拥有一个像那位德国小姐姐一样精力充沛、坚持不懈、内心敏感细腻、自信温暖的孩子。

需要注意的一点是，真正的高需求宝宝是天生的。但是如果我们没有提前学习和准备，再由不懂科学养育的老人或者月嫂、保姆代为养育，即便我们的宝宝不是天生的高需求宝宝，也很容易被人为“培养”成喂养和睡眠方面都极其困难的“后天高需求宝宝”。

慢热型宝宝

引发研究者兴趣的还有一种宝宝，那就是介于难养型和易养型之间的慢热型宝宝。

慢热型宝宝就是我们常说的害羞宝宝或者内向宝宝。这类孩子可能会特别容易受到惊吓，在集体环境中会感到焦虑不安，进入新环境需要很长时间才能放得开，等等。

内向并不是缺点，我们不要因为孩子有类似的表现而困惑、焦虑，甚至排斥或者强迫自己的孩子。如果总想改变孩子，试图把他塑造成你期待的样子，那他在未来会很容易出现性格偏差，比如极其内向、害羞、不合群，或出现严重的社交障碍等，而这才是我们真正需要担忧的。

教育观察

我们的女儿个性接近慢热型，在两岁之前，每次带她去体育馆看到那么多活蹦乱跳的小孩，她都会黏在我身边不肯离开半步，我要使出浑身解数来引导她尝试每一种新的体育活动。周围的德国孩子很少有像她这么安静、被动的，但是我从来不会强迫她、埋怨她，只是慢慢地用她能接受的方式引导她逐渐适应新环境和新挑战。

女儿进入德国蒙台梭利1～3岁班级时，不会说一句德语的她，竟然出乎我意料地迅速适应了环境。老师们一致反映她是一个安静的女孩，专注力极强。即使周围的孩子都“疯”了起来，她也能丝毫不受影响地完成眼前的工作，并将教具收拾好放回原位。在老师的鼓励下，她在集体中也逐渐能够放得开，并开始进行更多的合作游戏了。

内向的孩子拥有很多难得的优点，比如他们特别能坐得住、学习很专注、有创造力、细心谨慎、不太会做错事。如果将内向特质的优势发挥出来，那他们往往能成长为优秀的科学家、律师、艺术家、教育家等。

其实内向个性在中国传统文化中并没有适应困难，内向的气质与同伴接受度、领导能力和学习成绩呈正相关。而如今受西方价值观的影响，大家又极其注重那些看似容易导向成功的个性品质，父母和老师对内向个性特质的态度发生了转变，使内向的个性在一定程度上成了发展的阻碍。[2] 而且遗传因素对这类个性的形成有一定影响，父母的教养方式更是会决定孩子的个性气质是否将持续甚至加强。

因此，我们要为内向的孩子提供与其相匹配的家庭教养环境，多鼓励、引导他们勇敢地探索、发现，多给他们提供正面积极的社交体验，避免让他们在未来出现可能的适应困难。

可以这样做

我给慢热型宝宝父母的建议是：

1. 给予孩子适量的新鲜刺激，帮助他们逐渐克服恐惧，掌握有效的社交技能。如果一味地保护下去，或是刺激过多，都会引起孩子在未来出现社交恐惧。[3]
2. 每到一个陌生环境，都要给孩子足够的适应时间，等他们放松下来，逐步地引导他们参与；等他们沉浸其中后，再逐渐退出，但是不要走远，停留在近旁，让他们在回头的时候能看到你。

有的父母不接纳孩子身上的某些特质，往往是因为这些特质与配偶或是自己身上某些不被接纳的部分很像。孩子有让我们失望的个性表现，也有让我们惊喜的个性表现，作为普通的父母，存在喜好没什么对错，但是为了让孩子能够真实地面对和接纳自己，真正做到自信自爱、扬长避短，我们就要学会从内心接纳并欣赏孩子的一切。

不论是高需求宝宝、内向的慢热型宝宝，还是我们未曾提及的具有其他不符合父母期望的某些个性气质的孩子，我们讨论这些的目的不是给孩子贴标签，限制他们未来个性改变的可能性。要知道，在同一类个性群体中，每个孩子都会呈现出不一样的气质。比如内向宝宝不一定符合内向人群的所有表现，他们可能是善谈的，也可能是寡言的。

我们介绍多样的个性气质是为了帮助一些迷茫中的父母少走弯路，了解世界上有很多孩子也拥有和自己的孩子相类似的个性，任何个性都有自身的优势和缺点，孩子属于何种个性完全不能预测他们未来的表现和成就。这样一来，父母可能会更有信心去接纳孩子的与众不同，通过观察和设计，为他们准备好与其相匹配的个性化家庭教育方案。只有这样，才能让每个孩子都扬长避短，在崇尚个性化的未来世界走出独一无二的幸福之路。

家庭观察帮助我们独立自信地了解孩子

观察记录女儿发展变化的三年中，我还深入多个家庭进行跟踪观察。我深深地意识到，当代父母如此好学，却又迷失在纷繁复杂、不成系统的育儿信息中，到头来竟没有精力关注育儿的当下，回归最简单的育儿哲学：观察。

很多朋友给我冠以“专家”的名号，时不时抛来一堆育儿问题让我解答。在很多父母眼里，似乎一两句话就能解决所有的教养难题。

人是何其复杂的生物，婴幼儿的复杂程度尤甚，我们终其一生都无法真正了解他们到底在想什么，只能努力去解读。世上不存在完全一样的孩子，同一种教养方式应用在不同的孩子身上，效果可能完全不同。即便是“阅儿无数”的教育专家，也比不上你日积月累的观察、陪伴所能达到的对孩子的了解程度。每个孩子都独一无二，每个家庭都千差万别，不少专家容易犯经验主义错误，武断地得出结论，而家长们往往会盲目跟随。

于是每当有人向我抛来育儿难题时，即使我第一时间会生出很多主观的分析和判断，也要尽量咽回肚里，反问他：“你觉得为什么呢？你觉得怎么办好呢？”随着观察和思考的积累，我发现很多父母总能自己找到解决方法。这两句反问推动父母开始主动探索育儿之路，推动父母自己去观察、分析和改进，效果要比所谓的“专家建议”好得多。

教育观察

有一次，在社群里同时有三位妈妈问我同样的问题："我家孩子打人怎么办？"

"打人"这个行为背后可能有一百种解释，但是只有在我了解了这个孩子的成长细节、家庭背景以及打人的前因后果之后，才有可能找到最接近真相的原因，即使找不到原因，也能找到有效的应对方法。

我翻阅了这三位妈妈近期在社群发布的各种分享和问题，尤其是她们的家庭观察手记，才猜想到：其中一个孩子可能是由于刚刚入托，在模仿班里其他孩子的行为，这种情况要淡化处理，转移孩子的注意力；另一个孩子是通过拍打来跟人打招呼，是语言能力跟不上社交发展程度造成的，这种情况则要给他示范如何用正确的方式与人互动；最后一个孩子则是处在"自我认可期"，不高兴了就打人，这种情况就要明确划定界限，引导孩子用别人可以接受的方式发泄情绪。

而这一切也只是我的猜想，真正能够帮助父母的，也只有他们自己了。

我们需要最基本的科学育儿理念，而这些内容并不需要父母花那么多时间去学习。很多父母舍本逐末，看了很多书，听了很多课，却依然一头雾水，纠结在那些旁枝末节之中，错过了太多宝贵的时光。孩子在0～3岁的每一天、每一刻都是教育的黄金期。当我们自学成为育儿专家的时候，孩子已经长大，我们已有的知识也不再管用了，到那时又要面对更加多变、复杂的育儿问题，你会发现自己永远处于焦虑的追赶式学习当中。

蒙妈说

“在家实践蒙氏教育的父母并不需要深入钻研太多知识，最核心的是坚持不懈地去观察自己的孩子，将那些已知的、看似简单的理念应用于当下，你必然会成为孩子最权威的育儿专家，拥有绝对的育儿自信。”

很多父母会问，什么才是最基本的科学育儿理念？是蒙台梭利教育理念吗？的确，有很多人质疑，蒙台梭利教育理念是一百年前创造的，是不是早已不适用于当今时代了？我也一直带着这个疑问学习和工作，直到完成三年的全职育儿观察实践。

在法国学习、工作的几年中，让我受益最大的就是这些质疑和批判。我自认为始终在以这种客观的角度看待我所研究的蒙氏哲学，同时也在不断比较欧洲其他流派的教育理念。在三年日积月累的观察中，我清空了先前所有先入为主的观念，仅仅就是专注、持续地观察眼前的孩子，慢慢地，我也发现了很多“童年的秘密”[①]，而这些发现竟然与蒙台梭利博士一百年前的发现不谋而合。于是在我心中，这位老奶奶降下了“神坛”，原来她是做好了观察这门功课，再加上广博的生物医学背景，才创设出流传百年、在世界各地“开花结果”的蒙氏教育。由于这种教育法是完全基于对儿童的观察而设计的，因此它不仅不过时，而且尤其适应未来世界的个性化教育。

时至今日，神经生物学和发展心理学领域都有了很多突破性进展，也验证了蒙台梭利博士通过观察提出的很多教育理念。然而即便如此，现代科学

①《童年的秘密》是玛利亚·蒙台梭利的经典原著之一。

依然不能帮助我们解开儿童大脑的全部奥秘，神经生物学家和儿童心理学家也不得不将观察作为最常用的研究方法之一。

蒙台梭利博士通过长年班级观察创设了蒙台梭利教育法；世界公认对儿童心理研究影响最大的瑞士心理学家让・皮亚杰（Jean Piaget）也是通过观察自己的三个孩子，提出了皮亚杰认知发展理论；我国现代儿童心理学和幼儿教育学研究的开创者陈鹤琴对她的长子陈一鸣进行了808天的跟踪观察，并以此为基础发表了中国最早的儿童心理学著作《儿童心理之研究》；进化论的奠基人达尔文也坚持观察、记录儿子的成长并将其发表；精神病学家勒内・施皮茨（Rene Spitz）通过观察、记录婴幼儿影片推动了弃婴收容所、儿童医院的种种变革……

作为普通的父母，即使没有广博的学术背景和专业的观察训练，仅是随机但持续地观察，就能够帮助我们超越育儿书本和专家，独立自信地解决大部分教养难题。

这就是为什么我将观察列为本书最重要的一部分。在阅读过程中，你会发现书中每个部分都需要以观察记录为基础，没有观察，一切实践都是以成人为中心的臆想。比如，我们要通过观察新生儿的不同哭声，才能摸索出他睡眠和吃奶的节奏；我们只有通过观察，才能了解一个学步儿看似毫无头绪的忙碌和坚持背后真实的愿望和目的。

那么这里肯定有父母会问：如何观察？

这个问题的确值得一答。观察本来很容易做到，但在今天这个时代，也成了一个需要学习的课题。现代人的生活节奏过快，很多人已经失去了观察和反思的能力。

可以这样做

在这里我给出两条关于观察的建议：

1. 观察之时，当然要放下手机、关掉电视，暂时忘却自己满脑子的杂念和烦恼，专注于眼前，从全新的角度去认识眼前这个孩子。
2. 家庭观察的核心不是记录，而是全身心陪伴。家庭观察并不如大家想象的那样，像专业人士一样拿着纸、笔在一旁不停地看和记。家庭观察的自由度很大。如果孩子要和你一起玩儿，那就全身心和他互动，这也是观察的一种方法。当孩子感受到了你全身心的陪伴，你就会有越来越多的时间旁观。如果发现特别需要记录的地方，也只需简单写下关键词，过后再完善、补充。

从大动作、精细动作、语言、认知和社交 5 大方面密切跟踪观察女儿三年，我将这些观察记录在本书中悉数与大家分享。第二部分的实践篇便以这些私家观察记录开始。这些观察笔记可以为大家提供观察的切入点，慢慢地，你就不会局限于我的观察视角，也许会更加深入、敏锐地发现孩子的更多发展细节，也会对如何在日常生活中陪伴和教育孩子得到更独到的启发。

除了观察自己的孩子，我也定期在女儿所在的蒙台梭利班级观察与她同班的其他孩子的发展情况，还进入到 5 个欧洲家庭跟踪观察累计超过 250 个小时。由于女儿的大动作发展比较滞后，语言、认知两方面的发展又比较快，因而呈现在书中的观察笔记，是我在女儿发展记录的基础上，又进行了更接近于平均发展状态的整合和调整之后的结果，方便大家参考。

分享观察记录的目的不是让家长给孩子的发展做验收，家长不能通过按月逐条比较的方法找出孩子的发展是超前还是落后，尤其是随着月龄的增大，孩子的发展差异会越来越大，可比性也越来越小。

蒙妈说

父母要时刻谨记，每个孩子都有独一无二的成长秘密，尊重孩子的发展节奏，比别的孩子慢了不要焦虑，快了也无须给孩子太多的赞扬。

如果孩子出现了长期明显的发展滞后，请找专业人士评估。在成长的前三年，大部分孩子身边没有专业人士参与观察、评估他们的发展状况，这就使得父母的责任尤其重大。父母只有用心观察和了解，才能及时发现问题，寻找专业人士给予孩子及时有效的帮助。

观察的时候，父母不需要按照大动作、精细动作、语言、认知、社交这5大方面分类，因为每个类别都是相互影响的，很多表现难以确切地归于某一类别之中。

为了帮助大多数对婴幼儿发展了解不多的父母做到更有目的性的观察，我们以自己的家庭观察记录为蓝本，参考国际蒙台梭利协会的心理动作发展图，绘制了一张0～3岁蒙台梭利家庭方案图，附在本书最后。父母可以借助这张图来设计观察环境，借助手记中的观察提示来记录孩子的成长变化。相信很多父母都能从这种有准备的观察中受益。在做观察手记的同时，你会逐渐发现，在进行到一定阶段时，你自然会生发出更多的自我观察，这对教养能力的提升至关重要。如果有余力，也可以将这些内容记录在手记中，我在书中也会不时与大家分享自己的家庭观察日记。

设计一个对孩子友好的个性化蒙氏家庭环境

在第3章，我们将了解到，最前沿的科学研究已经证实环境对婴幼儿发展具有重大意义。在欧洲，大多数孩子3岁以前的相当长时间是在托育机构度过的，而传统中国家庭中，0～3岁的孩子大部分时间都待在家里，因此家庭环境对中国婴幼儿来说尤为重要。这就是为什么继观察之后，我们的另一大重点就是环境设计。

在观察的时候，我们常常发现，房间中的一些设计阻碍了孩子的探索和发展，因为这个房间是以成人的角度来设置的。

蒙妈说

在家实践蒙氏教育的一大秘诀就是观察孩子、排除阻碍孩子发展的障碍、引导孩子进入新环境，再观察、再排除、再引导，循环往复。

这个秘诀是蒙台梭利教育专业教师的工作要领，而它也能够帮助父母深刻意识到周围环境对孩子发展的重要性，并逐渐明白应该何时介入、何时退出；帮助父母不再自以为是地打断孩子的自发探索，不再主观臆断孩子的需求和想法，不再以爱的名义阻碍孩子独立发展的道路；帮助父母给予孩子更专业、更高质量的陪伴。

教育观察

有一次在朋友家做客，看到她刚满4个月的宝宝正在憋足了劲儿翻身，一直翻不成功，于是就开始哭泣。这位妈妈迫不及待地想要伸手帮助。

我建议她停下一秒，先观察是不是有什么障碍需要移除。这位妈妈发现可能是床太软了，于是我建议她在地上放一块小毯子，将孩子放到上面。到了地上的小宝宝不一会儿又开始翻身，虽然有点儿进步，但还是未能成功。于是我建议她给宝宝脱了毛衣和连脚裤。

光着腿的小宝宝欢快地蹬着腿，还没等我们反应过来，就一下子翻过身去了。

这个宝宝翻身遇到困难的原因明显是环境阻碍了他的发展。如果我们观察后发现环境中没有阻碍，再观察他是在专注地努力还是在绝望地哭泣。如果是后者，我们就给他提供最小的帮助，用手轻轻支撑孩子的臀部辅助他一下；如果是前者，我们就静静地等待，不论他最终是否翻身成功，都要给予孩子尝试的机会。

如果没有科学观察和环境设计的意识，我们可能会心疼得伸手去帮孩子一把，让他轻松地翻身成功。那么，松软的床垫或者厚重的衣服就会一直在那里，而且孩子会习惯于在每次努力的时候，总等着一只有力的大手来帮他一把，自主的意愿就这样在日复一日的陪伴中消磨掉了，孩子从此会更倾向于依赖父母。蒙台梭利博士在《家庭与孩子》一书中写道：

孩子在不受大人介入的情况下，自己完成一件事以后的那种骄傲、高兴的表情，就是在向我们宣告他自我挖掘丰富内在潜能的需要。我们应该引导孩子，创造机会让孩子发展潜能，而不应阻碍他的活动。

理想情况下，可以从出生起就给孩子一个独立的房间。如果条件不允许，也可以开辟出房间的一部分专属于孩子。我见过一些即使住在拥挤狭小的房子里，也照样给孩子布置出适宜发展的环境的父母，关键在于是否用心。

看三个视频，
呈现不一样的蒙氏家庭环境。

婴幼儿的房间，我们要分成四大区域：睡眠区、喂养区或进餐区、护理区以及活动区。如果条件不允许，我们也可以将四大区域分布在不同的房间，比如睡眠区在父母卧室，活动区在客厅，护理区在洗手间，进餐区在餐厅。

在本书第二部分，我们会从每个区域来逐一解释设计背后的原因。

房间布局有了明确的区域划分，有利于父母在照顾孩子的过程中形成固定的流程。孩子天生喜欢秩序感，四大区域的设置满足了孩子对秩序感的强烈需求。这一切也有助于孩子安全感的建立。

等到孩子到处爬行甚至开始走路的时候，他的活动地盘会远远超出我们设置的区域范围，尤其是在孩子能独立行走之后，我们就要考虑怎样将整个房间设计得适应学步儿的生活了。

随着孩子的成长，整个房间的环境大多数情况下难以处于完美的状态，我们不需要为此担忧，关注孩子的当下和他当下所处的环境，扫除此时此刻阻碍孩子活动和发展的障碍，孩子就会在当下受益。不要因疲于维护环境而忽视了观察，忽视了孩子当下的需求。每当看到孩子的一个需求，就立马准备起来，不要总是试图准备得毫无瑕疵之后才让孩子去享用。

所以，这个环境一定是一直在准备、变化和完善的过程中的，可能有时会有退步，不要担心，这就是育儿的日常。总有一天你会发现，自己的坚持使全家有了惊人的变化，孩子开始自觉地维护环境，家人也开始积极地配合。

对于本书第二部分的几张私家设计图，虽然每张都标注了具体的月龄阶段，但是真正到了实践中，仍要依据孩子的个体发展情况来调整、变化。从第一张过渡到第二张的信号是孩子开始添加辅食并能够倚靠着坐立；从第二张过渡到第三张的信号是辅食添加的地点转移到餐厅，以及孩子能够独立站立和扶着走路；从第三张过渡到第四张的信号是孩子可以独立走路。

可以这样做

我们的设计原则如下：

1. 最理想的情况是在生产之前，就预估到孩子未来三年的成长需求，将房间的基本架构设计好，这样就省去了频繁装修和购置新家具的麻烦。
2. 在孩子的成长过程中，房间设计要尽量保持整体稳定不变，尤其是睡眠区，但是随着孩子的成长，要做相应的渐进式微调。每次改变最好和孩子一起行动，且每次只改变一点。
3. 我们既要考虑到怎样保证孩子的安全，也要鼓励孩子的自由和独立。
4. 不能光想着孩子的需求，父母的需求也同样重要。
5. 要节约，考虑到很多物品可以重复利用的情况，比如用于喂养的哺乳沙发在孩子断奶后可变成亲子阅读的沙发，活动区的镜子可改作更衣镜，沙发脚凳可同时用于辅助站立和当作添加辅食时妈妈的座椅，换洗台可改作衣柜，等等。

除了有准备的环境，更重要的是有准备的心态。这就是为什么在讲完4大区域的环境设计之后，我们又花了很大篇幅详解各个月龄段孩子的精神世界，告诉父母在不同的阶段，孩子会遇到怎样的心理危机，以及父母的应对方法和态度。

环境准备也许很容易入手，但是心态准备则需要父母做出更大的努力。我们每个人都带着各自的成长经验，而这一切都很容易在无意识中变成你育儿方式的一部分，如果想改变，就需要不断地思考和反省。当有了持续进步的状态，我们就有了一个好的开始。

在女儿出生之前，我们夫妻自以为做好了相当充足的准备，但依然在后来的日子里遇到了各种各样的问题。难以想象，没有准备好的心态和环境，父母要面临多么大的养育压力。边学边养是远远不够的，我们的准备速度绝对赶不上孩子的成长速度。

因此，我们在养育女儿的同时，总结了这些年的思考和经验，希望将这一切通过一张张设计图纸分享给更多的新手爸妈，帮助你们在孩子生命中最关键的前三年，提前做好应对的准备。让我们一起来创设一个对孩子友好的环境，让他们在爱的包围中能感受到被尊重、被信任，以此建立一个良性的亲子互动模式。只有这样，在未来的育儿之路上，我们才会走得越来越轻松。

第2章

蒙氏妈妈在法国

很多人以为，能在家安排许多蒙氏小活动的妈妈才能称作“蒙氏妈妈”。但在我看来，“蒙台梭利”这个词代表的不是一种表面上的方法论，它代表的其实是一种敏锐、理性的教养风格和独立、自信的个性气质。

在中国，当妈妈已经变成一件越来越辛苦的事情了。在与中国妈妈交流的过程中，我无时无刻不感受到她们满满的焦虑和疲惫。中国妈妈很努力，但她们的付出与回报常常不成正比。从我的观察来看，这不仅是社会环境造成的，更多是因为妈妈们在错误的方向上用力过猛。

法式育儿奇迹

在德法两国生活多年，我有幸看到了很多风格迥异的妈妈，她们轻松自信、独立快乐地带着一个、两个、三个、四个甚至五个娃。尤其在法国，这些妈妈还能同时拥有高质量的夫妻关系和事业追求。法国妈妈享受育儿过程，因此在发达国家中，法国是少有的生育率保持高速增长的国家之一。

我见过的大多数法国妈妈都有着非同一般的育儿自信，她们很少扎堆比较各种育儿理念或者育儿产品，而让人不可思议的是，这些妈妈养育的孩子，尽管个性各不相同，却都是我眼中发展良好的儿童，不仅没有行为教养问题，还呈现出一种独立自信、专注平和的气质，是我矢志培养的蒙氏儿童。而且，我不能将此归功于自己所在的蒙台梭利学校的教育，因为不仅这些学校的孩子如此，我认识的法国朋友家里的孩子如此，在法国各种场合观察到的中等以上经济水平家庭的孩子都是如此。

法国妈妈并未给自己冠以“蒙氏妈妈”的名号，她们只凭着常识和直觉，就培养出了真正的“蒙氏宝宝”。作为蒙氏教师，我认为这是法国育儿奇迹之一。

法国妈妈缘何不用发奋学习育儿方法，却能在带娃的同时优雅地喝着咖啡、涂着指甲油，顺便升职加薪？我发现她们有着惊人一致的育儿风格，而这种风格也是上一代传统育儿风格的沿袭。这并非因为她们受过什么相关的教育，而是耳濡目染而来。

那么所谓的法式育儿共识到底有什么超凡之处，能让法国人代代相传？我在学习蒙台梭利教育的同时，也深入探索了法式传统育儿理念，惊喜地发现，原来大多数法国的社会育儿共识与蒙氏理念的精髓不谋而合，而法国妈妈极富智慧地将这些共识有效地应用到了育儿的日常生活中。

尊重孩子的发展节奏

除了在孩子 6 岁将入学前班前，法国妈妈们会突然开始神经质地集体关注孩子的法语书写和阅读能力外，她们大多数时候都能轻松面对孩子心智发育得过早、过晚、过快、过慢以及长得过高、过矮、过胖、过瘦等问题。在孩子稍显落后的情况下，她们觉得根本无所谓：每个孩子都不一样啊，他有他的节奏。没错，她们的确很喜欢用“节奏”这个词来应付我们眼中的育儿焦虑。如果再继续深入了解下去，就会发现她们是真正从心底尊重孩子的妈妈，从不比较，凡事习惯征求孩子的意见。法国人的社交界限很清晰，在家庭内部也是如此。

蒙氏教育主张的尊重孩子、尊重孩子的发展节奏，在法国不是一个空洞的理念，而是一种社会育儿共识。

教｜育｜观｜察

我曾经很多次在法国朋友家中观察孩子的就餐情形，发现法国妈妈所做的与我们在蒙氏学校坚持要求的几乎一样。

法国妈妈总是用相同的方式对待客人和孩子：开胃菜上来后，由孩子自己决定盛多少到自己的盘子里。等所有人都吃完前餐，才开始上主菜，孩子也和大人一样耐心等待。同样，孩子仍然是自己选择吃什么、吃多少，妈妈从来不强迫孩子吃更多。

有时候遇到没吃过的新食物，孩子会本能地抗拒，这时妈妈会很认真地跟他说：“你有权利拒绝吃某种食物，但是必须在你尝过味道之后。”

在妈妈温柔的坚持下，孩子通常会抿一小口。如果真的不想吃，妈妈就不再要求孩子继续吃。

到饭后吃甜点的环节，大多数时候孩子可以选择奶酪、酸奶或者水果。有客人在的时候，或者逢年过节，孩子也能分到一块巧克力蛋糕。

法国妈妈能做到尊重孩子的胃口，这是法国孩子有良好的饮食习惯、法国成人能保持良好身材的秘诀之一。

观察的智慧

法国妈妈懂得育儿的观察之道，这极其难得。观察几乎就是蒙氏教育哲学中最核心的部分。

蒙妈日记

半个月前，一位法国好友马蒂娜来看望我刚出生不久的女儿。正与她聊天时，女儿突然大哭。我以火箭般的速度冲进房间抱起她就要喂奶。马蒂娜在一旁摇摇头，说我太紧张了。

孩子没吃几口奶就睡觉了，不一会儿又醒来。马蒂娜在一旁指导着，让我不要立即抱起孩子，而是问她需要什么。孩子持续地哭，虽然只有一两秒，我心里也十分煎熬，但依旧按照马蒂娜的方式与她交流完之后再抱起她喂奶。马蒂娜说："你很快就会知道这样做的好处了。"

如今半个月过去了，我也终于体会到了"好处"。女儿醒来后的哭泣不再那么歇斯底里了，也可以耐心等待喂奶或者换尿布了，我和她说话的时候也能平静下来了。朋友见了我家女儿都赞叹真是个"天使宝宝"，可我必须感谢马蒂娜教会我的一切。

马蒂娜认为，孩子刚出生时，确实需要及时回应他的需求，但更要冷静地待在孩子身边观察一秒，温柔地和他说话，了解他的真实需求，然后再抱起来。美国著名神经医学专家丽丝·艾略特（Lise Eliot）博士也曾写道：

> 研究发现，那些所谓的最体贴、最细心的妈妈，即宝宝哼一声、打个嗝都立即响应的妈妈，她们精心照顾的孩子表现出的依恋行为的安全度，竟然不如稍有松懈的妈妈照顾的宝宝。换言之，孩子对于令人窒息的体贴反应不良，这样毫不放松地照顾会抑制孩子追求自主的冲劲儿，妨碍孩子发展自我控制情绪的能力。

亲密育儿是大多数妈妈的本能，但是少有妈妈能拥有“停顿一秒，观察一下”的智慧。法国妈妈并未陶醉于泛滥的母爱，她们能够更加理性地给予孩子自己适应和探索的空间。这就是为什么法国宝宝普遍能更顺利地睡整觉、独立睡觉、健康饮食、独立吃饭、独立如厕等。

法国妈妈在培养孩子健康的睡眠习惯方面非常有一套，因为法国有很多专业研究婴幼儿睡眠的专家，法国妈妈们在专业的指导下，从孩子出生起就能通过观察，摸索出孩子的睡眠规律，帮孩子建立“吃、玩、睡”的节奏，孩子不“奶睡”、不夜醒，很早就能睡个囫囵觉。搞定孩子的睡眠，才是法国妈妈轻松享受育儿的先决条件。

平衡自由与界限

任何科学的育儿理念，包括蒙台梭利教育理念，都一再强调要给予孩子恰到好处的自由和界限，而如何做好这个平衡，法国妈妈是迄今为止我发现的最好榜样。孩子们玩耍的时候，她们不会紧紧跟随，也不会紧张地用言语和动作来“保护”孩子，她们给予了孩子最大限度的信任和自由。但是在关乎人身安全和礼仪教养的时候，法国妈妈又能冷静地给孩子划定明确清晰的界限，一个“不”字，甚至只是一个眼神，就能让孩子停下来，这就是权威。

教育观察

在我工作的法国幼儿园，每天放学后孩子们都会在院子里玩耍，妈妈们则会一边和我聊天，一边用余光扫视着挑战攀岩的孩子。有时候我心里都会一揪一揪地担心，而身旁的妈妈们却无比淡定，只有当孩子们朝她们叫道“妈妈快看我”的时候，她们才正式回头微笑着回应孩子，然后继续和我聊天。

离开学校的时候，精疲力竭的孩子们有时候会闹情绪不和老师说“再见”，而这时法国妈妈可一点儿都不会让步，无比执拗地坚持到孩子说完“再见”才离开，对她们来说，不说“你好”“谢谢”“再见”的孩子没有教养，让人无法接受。

独立自信的身教

在我看来，想成为蒙氏妈妈，除了要有敏锐、理性的育儿风格，更关键的是要有独立、自信的内在，而这也是我欣赏法国妈妈的另一个原因。法国是女性主义的先驱之地，法国女人不仅尊重孩子，也同样尊重伴侣和自己。家庭关系中没有谁是中心，她们擅长做共赢和平衡的游戏。

我认识不少受过高等教育的法国妈妈，她们竟然会在孕期喝一定量的咖啡，甚至经常化妆、穿高跟鞋；她们大多母乳喂养不到半年，很少有超过一年的；她们会为了事业和追求早早将孩子送往托儿所；她们时不时会把孩子交给育儿保姆几个小时，只是为了出去逛博物馆、会一会朋友或是和丈夫享受一顿烛光晚餐。

怎么带娃是她们的隐私和权利，她们非常独立，甚至有点盲目自信地做决定。更关键的是，她们也能坦然地与内疚共处。她们坚信世上没有完美的父母，没有完美的妈妈，妈妈不能因为有了孩子，就委屈了自己和丈夫。有时候要让孩子知道，他不是世界的中心，有时候也要跟着父母的节奏来，这未尝不是好事。

记得有一次，和一位法国妈妈在家喝咖啡，孩子过来“打扰”，法国妈妈放下咖啡杯认真地告诉孩子“请等等”。于是孩子就乖乖地在一旁等待，真的是等了很久。

我顿时明白了长久以来百思不得其解的一些现象：为什么在多个国家的幼儿园完成观察工作后，我发现法国的孩子最好“带”；为什么法国鲜有“熊孩子”，法国孩子在公众场合表现得较有节制、有教养，原因就是他们的妈妈都很“酷”。

受法国妈妈影响，如果我还没吃完饭孩子就来找我玩儿，我会放下筷子认真告诉她：“我很饿，我还没吃饱，你等一等。”

刚开始孩子不接受，会一直吵，但每次我都会坚持认真地说出我的真实想法，让女儿试着偶尔理解妈妈，跟随妈妈的节奏来。渐渐地，她就开始明白，自己不是宇宙中心，别人也有自己的感受和需求。

今天身体不舒服，很想休息，我告诉女儿：“今天很累，想躺床上休息，你自己玩儿吧。”

她突然来劲儿了：“妈妈怎么了？我来照顾你吧！”

之后她马不停蹄地忙活了半个小时，又是给我盖被子、按摩，又是给我量体温、冷敷，后来还捧上书给我讲故事，讲了一本又一本……

我并不是主张大家像法国妈妈一样在孕期喝咖啡、不努力坚持母乳喂养、让孩子过早入托、不及时回应孩子的请求。法式育儿奇迹只是让我深刻地明白，从孩子一生的维度来讲，妈妈的心态比育儿细节对孩子的影响要大得多。如何培养一个独立、自信的孩子？让自己成为一个独立、自信的人要远远胜过谨小慎微的周全照顾。

平衡母亲和妻子的角色

以我的观察来看，法国爸爸倒没有法国妈妈那么成熟、理性。法国妈妈对此也不会习惯性地集体抱怨，她们坦然承认两性的天生差异，也承认从社会文化和传统教养方式上来讲，男性越来越不擅长育儿的家庭工作。法国妈妈们在夫妻生活中会收起身为妈妈的优越感，为自己能永久保持女性魅力而付出更多的努力。她们认为丈夫很可能没有照顾婴儿的天分，没有像她们一样的耐心和细致，所以要给他们学习的时间，给他们更多的机会和鼓励。而且，要尽量让他们做擅长的工作，而这个工作的重要部分就是疼爱妻子。

法国有句名言：虽然 40 周让你蜕变成母亲，但是这不应该成为剥夺你做女人的权利的理由。

在我怀孕之后，很多有经验的法国妈妈给我的建议不是怎么育儿，而是如何继续保持高质量的亲密关系。

我和法国同事讲到中国孩子是和妈妈一起睡觉的。她们的第一反应是：那爸爸呢？爸爸多可怜！

法国妈妈还提醒我：不论你在孩子身边睡多久，都要时刻记得回到自己的床上，丈夫在那里等着你。

我问："那孩子总往你们床上跑怎么办？"

"认真告诉孩子，只有夫妻才能睡一起。"这是她们的共同回答。

陪睡的中国妈妈们自然是无限期地牺牲着夫妻生活，将人生的重心转移到了孩子身上，世世代代似乎都是这样。而法国妈妈的如此不同，不得不让我开始思考，她们的方式是否更适合这个现代社会？如何在各种女性角色中平衡母亲和妻子的角色，法国女人的经验值得我们参考和借鉴。

颠覆还是传承

为什么我们不得不将上一辈的育儿理念推倒重来，在汪洋大海里摸索新的育儿之道，而法国的父母却只需传承就好？这一切并非巧合，其背后有着深层的历史文化原因。

早在 17 世纪，以巴黎为中心的启蒙运动为人类带来了更加人性化的教育观。18 世纪的法国教育家卢梭，早于蒙台梭利一个多世纪就已经发现了童年的重大意义。当时的法国政府和学者就已开始重视早期教育，法国在这方面的领先一直保持到现在。

法国的教育风尚也深深影响了早期探索中的蒙台梭利，她深入研究了法国教育家、医生让·伊塔尔[①]的理论，进而创立了自己的学说。在法国的教育学课程上，我们曾经以《野孩子》[②]这部电影为线索，深入探讨了法国教育理念如何从以成人为中心转变为以儿童为中心，而蒙台梭利教育则是当时以儿童为中心的主要流派之一。蒙氏理念与法国传统育儿观有如此渊源，无怪乎它们有如此多的相似之处。

影响法国父母最深的是“育儿教母”弗朗索瓦兹·多尔多[③]，她的很多教育主张在我看来是蒙氏理念的法语版。她呼吁成人要以谦卑和诚恳的态度对待孩子，反对在过度保护之下产生有破坏作用的教育方式。多尔多在20世纪下半叶通过广播电台真正引导了一代法国父母转变了教养观念，有效提升了教养水平。这一代父母便是如今这一代孩子们的祖父母或曾祖父母。

从理念到应用，法国也得益于一代又一代的儿童教育研究者从专业细分领域，比如睡眠、营养、阅读写作等，为法国大多数父母普及了高度一致、切实可行的实践指南。这也是法国妈妈为何讲不出蒙氏理念，却能做得如此到位的重要原因。

---

① 让·伊塔尔（JeanMarcGaspard Itard，1774 — 1838），法国医生，出生于法国普罗旺斯。他曾经收养过一位叫作维克多的野男孩，这个男孩是被人从森林中找到的。伊塔尔尝试对他施予教育训练，虽然最后未能成功，但是对其日后接受特殊教育有深远影响。伊塔尔堪称启智教育的先驱，并影响了蒙台梭利的教育理念。

②《野孩子》是法国新浪潮导演弗朗索瓦·特吕弗（Francois Truffaut）的代表作之一，讲述的就是伊塔尔医生收养、教导野男孩维克多的故事。

③ 弗朗索瓦兹·多尔多（FrancoiseDolto，1908 — 1988），出生于巴黎。她是法国家喻户晓的儿童教育家和儿童精神分析大师，在全世界儿童教育领域有着巨大影响力。她一生致力于儿童教育，帮助父母理解孩子。她在法国广播电台开设了儿童教育节目，以谈话形式深入、系统地解答有关儿童教育的问题。

具有中国特色的蒙氏妈妈

在法国攻读教育学的时候，我渐渐明白，所有好的育儿理念最终都会殊途同归。批判哪种教育法有什么缺点那是教育家的事，父母只需“择其善者而从之”。

在成为母亲之后，我深感时间紧迫，三年转瞬即逝，必须果断选择一条路坚定地走下去，在各种理念中纠结、摇摆只会耽误最宝贵的育儿黄金期。

心态和知识都要提前准备好，边学边养是不够的，我们的准备速度远远赶不上孩子的成长速度。除此之外，身边还要有榜样示范。比如我，身边有那么多法国妈妈，她们日日启发着我如何高效地将多年学习、实践的蒙氏教育理念应用到家庭育儿中来。

如果没有身边这些法国妈妈，我会以为在家实践蒙氏教育就像在画报上看到的情形一样，永远都是完美无瑕的状态。

蒙妈说

法国妈妈让我明白：真正的蒙氏妈妈并不是完美妈妈，而是要足够洒脱、有智慧，懂得抓大放小，在对的时间不阻碍、不放纵、不摇摆。

一个努力育儿的妈妈要学习接纳现实的不完美，将一部分注意力从孩子身上转移到自己和大家庭上来。时刻记得我们的角色不只是母亲，还是妻子、女儿，还是一个现代的独立女性。

通过本书，我们将个人的经验和思考分享给更多的中国妈妈，跟随我们的家庭育儿方案，希望你也能成为有中国特色的蒙氏妈妈。

第3章

蒙氏爸爸：科学塑造婴幼儿神奇大脑

说来惭愧，从事生物医学研究十多年，一向认为文科出身的妻子所信奉、践行的蒙台梭利教育理念只是一家之言，并未经过科学实证的检验，难以令人信服。直到妻子的老师，国际蒙台梭利协会的一位德国培训师邀请我参加教育论坛时，才发现自己曾经轻视的“蒙氏理念”与我所从事的表观遗传学领域的很多研究结果竟然惊人地契合。要知道，表观遗传学是当下科学界最前沿的领域之一，而蒙台梭利博士却是生活在大半个世纪以前的人物！

怀着强烈的好奇心，我与妻子一起从2012年开始了蒙氏理念的科学实证历程。2015年，女儿出生后，我们又将实证后的理念方法应用到了家庭育儿的实践中，收获了无数奇迹。

先天后天哪个更重要

身边的父母朋友们问我最多的一个问题就是：在孩子的成长过程中，先天和后天哪方面对孩子的影响更大？这个问题在历史上经历过很长时间的辩论。从19世纪后半叶到20世纪初，遗传决定论一度占据主流，[4]到了20世纪，尤其是20世纪前半叶，观点几乎又一边倒地支持“空白石板”论，认为人的行为发展完全是环境影响的结果。

20 世纪 90 年代以来，得益于人类基因组计划的完成，人类进一步认识了自己。分子生物学家们已经解析了人体将近 3 万个基因的 DNA 序列和部分基因的功能。大人群相关性研究和动物实验研究也确认了一些特定的基因，比如肥胖基因、癌症基因、孤独症基因等。一时间，基因决定论似乎再次占据了上风，似乎孩子的一切都由先天基因注定，后天的教养并没有多大意义。但事实上，科学家对同卵双胞胎的研究已经终结这个争论好多年了。

科学实证

同卵双胞胎是由同一个受精卵分裂而成，他们具有完全相同的 DNA 序列，出生以前居住在相同的环境中，但从出生后开始，随着年龄的增长，他们的成长环境会越来越不同。

双胞胎研究成为了解基因和环境如何对某些特征，特别是对复杂行为和疾病的研究做出贡献的绝佳模式。例如，通过对同卵双胞胎的研究，科学家已证实遗传因素对身高、精神分裂症、阅读障碍、躁郁症等会起到关键作用，而语言技能、社会交往活动、性格等更多是受环境因素的影响。[5]

研究还发现，即使同卵双胞胎具有完全相同的遗传背景，随着后天环境的变化，具有修饰基因表达功能的表观遗传学标签也会有差异，而且年龄越大，表观遗传学修饰差异也越大。[6]

何为表观遗传学？简单地说，表观遗传学是指 DNA 序列不发生变化，但基因表达却发生了可遗传变化的现象，[7]也就是后天经验可以改变基因的编码作用。同卵双胞胎手握同一副牌，可随着经验的增多，他们不仅打牌的手法越来越不同，而且手里的牌也在发生着改变。这回，后天的影响力终于从以前的经验性推测得到了强有力的科学支持。

我专门研究过早期母幼分离的小鼠的基因表达变化，发现经历过早期母幼分离的小鼠从幼年开始，与应激相关的内分泌指标就有明显升高，并表现出抑郁的倾向。这一切的内在驱动力是环境通过表观遗传学的方式在不改变基因序列的前提下，持久、显著地改变了基因表达。[8]

我们的教育环境竟然能改变先天设置好的基因表达图谱，可见后天经验的影响比想象中要大得多。

蒙爸说

“最新的表观遗传学支持了蒙台梭利关于“有准备的环境”的理念，更加让我们坚信教养环境意义重大，这就是为什么本书的重中之重是引导父母设计适合孩子发展的蒙氏家庭环境。”

至于先天、后天孰轻孰重的答案，我的妻子拥有不少教学和观察的经验，她认为环境能改变基因，基因反过来也能改变环境。同样的父母，面对不同气质秉性的孩子，会采取完全不同的教育态度和方法，孩子所面临的成长环境很可能会因自己的个性而得到巨大的改变。所以，先天和后天都很重要，且相互渗透影响。

蒙台梭利博士不仅强调后天环境对儿童的影响，还提出了追随儿童发展节奏的观点。父母需要通过观察，深入了解孩子的独一无二，然后准备一个满足他个性化成长需求的完备环境。我时常感慨，蒙台梭利这位百年前的科学教育家竟然具有如此的洞察力和远见！

塑造大脑最重要的这几年

刚出生的孩子的大脑就像一张粗糙、简陋的地图，经过后天环境的一次次影响，细节才会越来越多，这张大脑地图才会变得越来越精致和有效。然而，后天环境究竟如何深刻地塑造着孩子的大脑，后天经验又是如何改变了基因呢？

与很多在胚胎期大脑就基本发育成熟的哺乳动物不同，人类大脑在出生后具有极强的可塑性。可以说，环境不断精细地雕刻着孩子的大脑，直到他们将近成年才基本完工。科学研究表明，人类大脑的可塑性在 0 ～ 5 岁时最高。[9] 婴儿的大脑在 1 岁以内会增大至出生时的 3 倍，当孩子要进幼儿园时，大部分已经长成。经验虽然一生之中都在积累，但任何时候的影响都比不过生命之初的那几个月以至几年，那正是脑神经细胞突触形成、大脑可塑性最强的时候。[10]

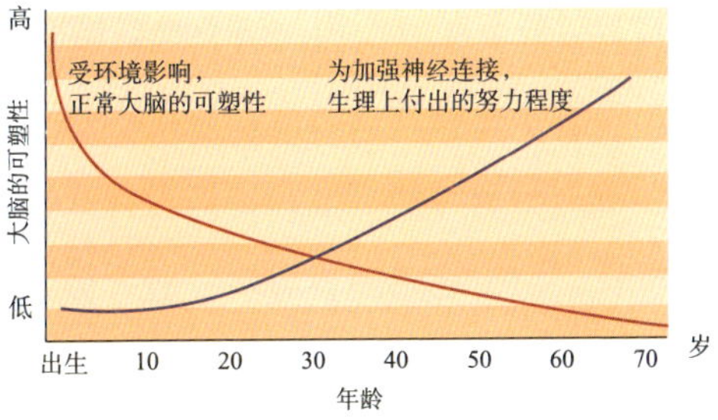

大脑可塑性随年龄的变化而变化

资料来源：Levitt(2009).

迈克尔 · 默策尼希（Michael Merzenich）在研究大脑可塑性方面是成就最

高的科学家之一，他擅长用实验的方法将大脑可塑性证明给人看。随着近年来成体神经干细胞的研究进展，我们知道成人的大脑通过强化锻炼和环境的刺激，能恢复部分由于大脑损伤而失去的功能，成人的大脑也具有一定程度的可塑性。[11] 但 2018 年发表在《自然》期刊上的研究结果又显示：在早期发育之后，神经元的产生数量急剧下降，到成年时戛然而止。[12]

不论成人的大脑是否真的如这项研究所说，完全没有了可塑性，即使还有，这种可塑性也非常小，而且想要改变，需要付出大量的努力。

婴幼儿大脑的神奇之处在于，他们只要接收到环境的刺激便会发生改变，毫不费力。[13] 这恰恰验证了蒙台梭利博士提出的吸收性心智的理念。简单来解释，就是 0 ～ 6 岁孩子的心智如同海绵，能够不费吹灰之力地吸收环境中的信息。

蒙台梭利博士在 1951 年提出了人类的发展球茎图，这幅图与 21 世纪神经生物学研究大脑可塑性的权威图表不谋而合。蒙台梭利博士提出了人类发展的四大阶段，第一阶段是 0 ～ 6 岁，这个阶段儿童的心智如同花的球茎一样，对周围营养具有极强的吸收能力，而在生命的前 6 年，尤属前 3 年的能力最为强大，而且前 3 年是无意识吸收，孩子能不加选择地吸收环境中的信息，如同照相机一样，将感官接收到的所有信息都拍摄、存储于大脑中。因为婴幼儿对环境中的一切都特别注意，他并不知道什么是重要的、什么是不重要的。随着年龄的增长，大脑地图细节增多，他才会有选择地注意环境中的某一部分。

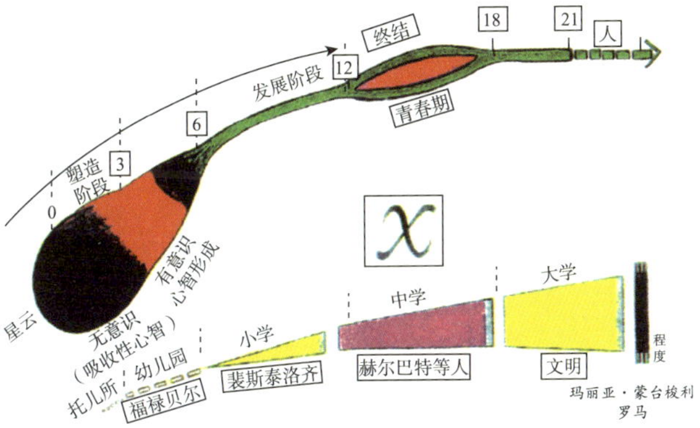

人的四大发展阶段球茎图

美国斯坦福大学的本·巴雷斯（Ben Barres）和他的学生、哈佛大学的贝丝·史蒂文斯（Beth Stevens）在神经胶质细胞如何雕塑大脑方面做出了很多开创性的工作。他们发现婴幼儿时期，大量突触不仅在形成，还在被清除、削减。

在早期的健康细胞中，有一种关键的蛋白星形胶质细胞促进补体 C1q（经典补体级联的启动蛋白）的表达。在形成成熟的神经回路的过程中，在发育的特定时间，C1q 会与突触结合，标记那些不需要的突触，然后激活大脑的免疫细胞，对不需要的突触在大脑中进行定向清除。[14]

另一个大脑可塑性的佐证是，2016 年美国加州大学的研究人员发表在《科学》杂志上的研究论文。研究发现，在新生儿出生后的几个月内，一些抑制性神经元会大规模迁移到大脑的前额叶皮层。[15]

在生命的最初几个月，婴儿刚开始与周围的环境接触，这对脑部发育来说是一段相当重要的时期。这段时期的神经元迁移与复杂认知功能的形成息息相关。研究人员推测，这种后期迁移可能在建立人类基础认知能力中发挥着重要作用，这一过程的紊乱可能与一些神经系统疾病密切相关。

因此从出生开始，大脑就经历着我们难以想象的巨大变化，大量突触不仅在形成，还在被清除、削减，神经元也在大规模迁移。迁移到位之后，树突、轴突大量生长，和其他神经元形成突触，建立神经网络，然后逐渐成熟。这也是蒙氏理念中吸收性心智说法的科学诠释。即便这个再塑过程是按照基因图谱的框架进行的，后天环境也大大影响着塑造的效率和结果。

科学实证

著名的布加勒斯特早期干预项目（Bucharest Early Intervention Project）在罗马尼亚孤儿院的试验有力证实了环境对大脑的深刻影响。哈佛大学查尔斯·纳尔逊（Charles A. Nelson）教授领衔的团队对大量孤儿开展了早期忽略（Early Neglect）对神经发育的影响研究。他们将68名孤儿随机分配成两组，将留在罗马尼亚孤儿院的孤儿，即留守组儿童，和受到高质量收养的孤儿，即收养组儿童，进行了长期跟踪对照实验。实验结果显示，在孤儿院生活的留守组儿童与在优质家庭和普通社区生活的收养组儿童相比，在身体发育指标、语言能力、认知和智力发展等测试中，处于全面劣势。

2015年发表在著名的《美国医学会杂志·儿科学》的研究表明，收养开始的时间点对孤儿各项指标的恢复至关重要，[16]而且越早离开孤儿院，效果越好。布加勒斯特早期干预项目发现，在24个月前离开孤儿院的孩子恢复效果最好。这一研究项目的结果还表明，被收养前在孤儿院待的时间越长，大脑的可塑性就会变得越小，一旦错过大脑的某些发育关键期，而没有得到相应的环境刺激，后天再想改变就非常困难。一般认为，幼儿的前24个月是大脑可塑性最强的时期，如果孩子在这一时期没有得到父母的悉心照料，大脑的结构会发生不可逆的改变，在成年时发生抑郁、酗酒、吸毒的概率会显著增大。研究表明，表观遗传的修饰在这一过程中起到了非常大的作用，后天养育环境深刻地改变了孩子的一生。[17]

既然孩子所处的环境如此深刻地“塑造”着他们的大脑，那我们应该为孩子准备什么样的环境，尤其是准备什么样的家庭环境，才能辅助他们更好地发展呢？

丰富的环境

人类出生时，大脑的重量只有350克上下，而成年人的大脑约1300克。[18]婴儿出生时，大脑的重量约占体重的1/10，神经细胞已经存在，但是大部分未得到应用，也就是说，他们的神经系统远未得到充分发展。婴儿出生之后，大脑灰质随着突触与树突的增加迅速扩大，蛋白质与神经纤维的髓鞘化一同增长，髓鞘化的作用是帮助激活那些待命细胞。[19]

髓鞘化主要有两种功能：一是支持轴突和周围组织，在相邻的轴突之间形成电气绝缘，使神经兴奋信号沿神经纤维的传导更高效；二是作为形成记忆的一种方式，能增强细胞组织间的有序连接。简而言之，髓鞘化的功能就是增加连接，同时让一些连接更加有效。熟能生巧就是髓鞘化的结果，环境的影响则是加快髓鞘化的主要途径之一。因此，我们需要尽可能地为孩子提供丰富的环境来促进神经髓鞘化。[20]

科学实证

在动物模型实验中，“提供丰富环境”是指用各种材质的碎布、纸、刨花、颜色鲜艳的玩具来刺激老鼠的视觉、听觉、触觉等感官的发展，用滑梯、转动的笼子、能钻的管道来提高老鼠的认知能力，并让一些老鼠共同生活以增加社交机会，每天从感官、认知、社交等多个维度来让老鼠的日常生活变得丰富多样。

与普通在“贫瘠环境”下饲养的老鼠相比，“丰富环境”下的饲养可以引起老鼠神经系统形态结构的变化，比如大脑的体积和重量、大脑皮层的重量和厚度的增加，同时改变大脑中的树突、轴突和突触。突触可塑性常常伴随着行为学功能的改变，例如丰富环境中饲养的老鼠具有更强的认知能力和空间记忆能力。这类研究现在也经常被引用来支持丰富幼儿环境的重要性。丰富环境能加速海马的发育，促进大脑神经回路的成熟，[21] 同时，环境对某个脑区的刺激也会对其他脑区产生叠加效应。

老鼠需要天然的野生环境。同样，婴幼儿需要更自由、更丰富的成长环境，而且这个对丰富环境的迫切需求，其实从一出生就开始了。

蒙妈日记

女儿出生了，我给她做好了所有的吊饰，只有最初两个月的黑白吊饰没有完成，这第一个吊饰也实在太难制作平衡了。想着趁孩子睡着的时候加工，总能把它做完，谁知道孩子刚出生时“一地鸡毛”，根本没有时间弄别的。

出生 16 天后，我发现女儿总是盯着卧室的吊灯看，达到了几近迷恋的程度。有多迷恋？每次一大觉醒来，饿到哭得梨花带雨、喉咙嘶哑的时候，但凡看到这盏吊灯，她就会顿时停止哭泣，眼睛眨也不眨地盯着吊灯，长久地发呆，好久才回过神来继续哭，找奶喝。

我今天恍然意识到，家里这个吊灯黑色灯架、乳白色灯罩，不就是现成的黑白吊饰嘛！最初两个月，婴儿只能看到对比非常鲜明的形状和颜色，喜欢复杂的设计曲线，她真是迫不及待地想要了解这个新世界啊！

我们为女儿用心设计了从出生到三岁丰富的蒙氏家庭环境，比如家庭观察手记当中的小月龄吊饰，这些都会在第二部分出现。

不论多忙碌，我们也从来没有把女儿囚禁在成人设置的“老鼠房”里，比如传统婴儿床、学步车或者圆圈围栏中。同时我们尽量每天带孩子外出，除非出现极端恶劣的天气，否则都会带孩子到公园、图书馆、游乐场、爬爬班、朋友家等，让孩子多见识不同的生活场景和家人以外的人。

有序的环境

动物实验的结果是否能直接拿来应用呢？答案是否定的。科学是严谨的，从老鼠的实验结果来看，并没有得出“环境越丰富越好”的结论。

我们常会在一些不够严谨的教育文章和早教机构中看到一张神经元网络图，图片单纯地显示了随着月龄的增加，神经元数量由少变多的过程，给人一种多多益善的错觉。

下图是一张人类大脑皮层的神经元发育模式图，这张图展示了兴奋性神经元从稀疏逐渐变得浓密、有序的动态塑造过程。幼儿大脑的成熟不仅是神经元不断增加的过程，在此过程中，神经元也在大规模地削减，虽然这听起来很可怕，但是这个削减过程对搭建更有效的神经网络是有益的。那些从未被激活使用过的神经突触在这个过程中就自然被淘汰了，而且是不可逆的。大脑地图逐渐精致化的过程遵循竞争的原则，用进废退。

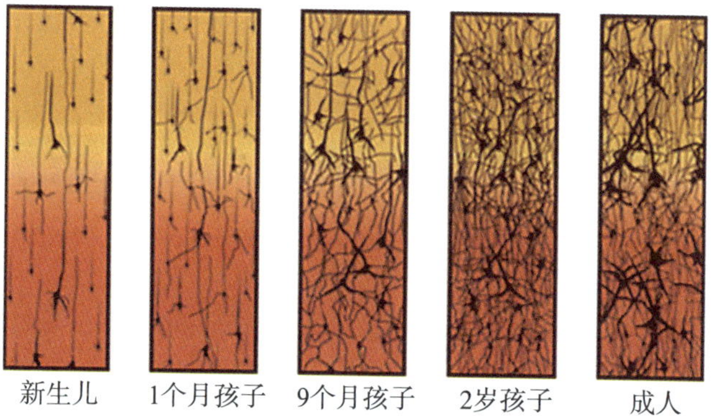

人类大脑皮层的神经元发育模式图[22]

大脑如同一个磁盘，从环境中吸收的内容会占据大脑磁盘的空间，重复地吸收，占据的空间就越来越大。如果不好的内容首先占据了大脑磁盘空间，之后接触得越多、越频繁，这些坏的内容在磁盘中占据的空间就会越大，好的内容便再难立足，这就与市场中劣币驱逐良币的道理类似。所以神经连接并不是多多益善，有时候少即是多，数量远没有质量重要。大脑可塑的这种竞争特质启发我们，早期教育质量极其重要，我们要在孩子成长的最初期给他们提供有益的环境，使有益的内容抢先占据他们的大脑磁盘空间。比如在孩子三岁以前坚持让他们刷牙、洗手，坚持给他们示范收纳玩具等，这对他们日后的行为习惯养成绝对是事半功倍的，而坏习惯一旦建立便很难改变。

有人曾向罗丹请教雕塑艺术的技巧，罗丹说："砍掉多余的部分。"雕塑大脑也不是单纯地增加修饰的过程，同样需要砍掉多余的部分来帮助关键部分的神经连接变得有序，这是一门雕刻的艺术。凡是环境中没有的、刺激不够的、大脑认为不需要的神经连接就会被削减；凡是环境中提供了足够刺激的，相应的神经连接就会反复加强。

蒙爸说

神经通路就在这个不断削减和加强的过程中变得更加清晰、有效，我们精心准备的蒙氏环境就能帮助孩子对神经细胞进行“择优录取”，并提高神经通路工作的效率。

为什么婴幼儿完成一件工作要比成人慢很多？为什么对婴幼儿的教育需要我们付出极大的耐心？原因很简单，就是因为婴幼儿大脑中的神经网络线路太多太杂，有的不通往目的地，有的通路有很多弯道。婴幼儿大脑在早期会产生大量突触，因而拥有了极强的可塑性，但是突触过多便会造成效率低下，需要通过精准的训练来削减和淘汰多余的突触。蒙台梭利教育理念所创设的环境鼓励孩子不断重复同样的活动，直至完全掌握这一技能，比如走、爬、拼图、擦桌子等。

蒙妈日记

几个月前女儿第一次串珠子，记得她是用手腕、手臂甚至全身的力气来串第一颗珠子的，每串一颗珠子都要花相当长的时间和相当多的努力，一旦有一颗串不上，她就气急败坏地把珠子全都扔在地上。在一旁观察的我好几次都忍不住想伸手帮忙，但终究还是克制住了。

一段时间后，我发现她能放松肩膀和手臂，单用双手合作来完成串珠子的动作了，但动作还是很笨拙，只能专注地串三四颗就放下不玩了。

今天我又突然看到她轻松地将所有珠子快速地串了起来，然后找我来打结，并将这个自制“项链”骄傲地挂在了脖子上。我觉得是时候给她提供更小的珠子来串了。

串珠活动能帮助孩子不断强化大脑对应部位的神经连接，孩子从需要用很多的神经元到只需要用恰当的神经元来做同一件事，通过反复练习，神经通路工作的效率也会越来越高。因为重复和效率的提高，同一个内容便不会占据他所有的大脑磁盘空间，他的大脑便能留有更多余地去习得新的技能了。

有序的环境可以鼓励婴幼儿专注于更少的内容。对婴幼儿来说，一心多用没有多大好处。在有序、有益的环境中，才可能对婴幼儿大脑进行有效而长久的塑造。默策尼希做了很多实验，他发现只有当猴子专注于一件事的时候，它的大脑结构才会发生永久改变。如果猴子没有专心致志，而是心不在焉地同时做几件事，它的大脑也会发生改变，但是改变的神经网络不会保持下来。

很多家庭的环境设置杂乱无章，给孩子准备的玩具和活动缺少教育意义，孩子很难真正专注于一件玩具或活动持续地探索，于是便表现得黏人、烦躁、不满足。如何在家中布置一个有目的、有质量、能够精美塑造婴幼儿大脑的环境，我们将在第二部分的实践环节与你分享。

真实的环境

蒙台梭利博士写道：

真正可以帮助孩子建构自我的方法，是给孩子创设一个可以自己运作的环境，让他们可以通过这些环境中的物品，帮助自己在其中真实地生活。

当女儿的大动作和精细动作都发展得比较成熟后，我们给她提供了很多做家务和自理的机会，当然，不是过家家，不是假装游戏，而是“真刀实枪”地动手做。女儿和我们一起准备晚餐，一起择菜、洗菜，在我们的帮助下用真的刀切菜，一起煮菜，还能自己穿衣、洗手、刷牙，自己浇花、种植、扫地、拖地……

美国弗吉尼亚大学 2017 年的一项研究中有如下几条发现：[23]

- 面对真实的和假装的活动，学龄前孩子会压倒性地选择前者；
- 孩子对真实活动的偏爱倾向于出现在 3 ～ 4 岁，且一直持续到 6 岁；
- 孩子说他们喜欢真实活动是因为这样的活动容易操作、有实际意义，并且能产生新奇的体验；
- 当孩子们选择玩假装游戏时，提及最多的原因是害怕、不自信或者不被允许。

这项研究针对的是 3 ～ 6 岁的学龄前儿童，目前还没有针对 3 岁以下婴幼儿的报告。但是，根据我们的观察发现，孩子在 18 个月到 3 岁之间，只要环境和父母给予了足够的支持，在真实活动和假装游戏中，大部分孩子都会果断选择前者。真实的活动能够大大提高孩子的动手能力，增强他们的自信心。如果孩子一直被塑料玩具包围，很少接触真实活动，那么他们很可能会习惯性地选择假装游戏，因为他们不知道自己可以像父母那样工作。当他们第一次想要模仿父母的时候，父母通常会告诉他们：你太小了，等你长大了再来干。而现实是，等他们长大了之后，就不会再有做这件事的兴趣了，便总想让父母代劳。

蒙妈日记

有段时间女儿不爱吃蛋黄，也不爱吃煎蛋，于是我就和她一起煎蛋。她在我的协助下，将平底锅放到灶台上，小心翼翼地开了炉火，倒了一点油，耐心地等待油温升高，将打好的鸡蛋沿着锅边轻轻地倒入平底锅，然后仔细观察蛋液凝固的过程，这时她表现出的专注和耐心非常打动我。一面煎好后，我协助她一起翻面儿，她脸上露出惊喜的表情，迫不及待要吃锅里的煎蛋了。从那天起，她强烈地喜欢上了煎蛋，而且连续四五天自告奋勇为全家人煎蛋。

在煎蛋的过程中，女儿真切地看到了蛋液在高温下由液态变成固态的过程。这是生活常识，也是物理实验。她每一步操作都小心翼翼，轻轻地开火，轻轻地倒油，轻轻地倒入蛋液，她全神贯注地努力控制自己还并不灵活的身体，因为她理解我所说的“温度”“烫伤”代表着什么。鸡蛋煎好后，她无比喜悦和自豪。她为全家人服务，并深刻地意识到自己属于家庭中的一员，可以像爸爸妈妈照顾她一样去照顾别人。

很多家庭都给孩子准备了过家家厨房，很多孩子确实也很喜欢。他们用塑料工具假装开火、烧水、炒菜。手碰到灶台上不会烫伤，盘子、碗掉到地上也不会摔碎，他们从中习得的内容真的比真实环境中少太多了。

发展心理学已经验证了真实活动对儿童发展的意义，从神经生物学的角度来讲，真实的环境在一定程度上也意味着更加丰富的环境，真实的环境提供了比假装环境丰富得多的感官刺激和认知体验。因此，前面讲到的丰富的环境对孩子大脑的塑造意义，也同样适用于真实的环境。

个性化环境

个性化环境，意味着我们要抓住婴幼儿不同发展阶段的不同敏感期，为孩子准备能够辅助当下敏感期发展的个性化环境。因此，个性化蒙氏家庭环境是因人而异的，一千个家庭有一千个样子。

“敏感期”一词最初由荷兰生物学家雨果·德弗里斯（HugoDeVries）在20世纪初研究动物发育时首先提出。动物习性学的创始人、奥地利动物学家康拉德·洛伦茨（KonradLorenz）在研究鸟类行为学时也提出了“关键期”的概念。洛伦茨发现，刚出生的灰雁在出生后的特定时间段会持续跟随母雁，这样才能保证安全和被喂养。如果母雁没有在这个时间段出现，雏雁就会有印刻行为，即把身边的人或者其他动物当作母亲。印刻行为仅出现在一个狭窄的时间窗口期内，通常在孵化后的头两天，洛伦茨将其称为社会依恋的“关键期”。[24]

科学家们很快发现，人类大脑中的每一个神经系统都有自己的关键期，与关键期相对应的神经可塑性最强，此时大脑对环境中某一部分内容特别敏感，成长速度也最快。

科学实证

一项残酷的实验证实了抓住敏感期的重要性。神经科学家大卫·休伯尔（David Hubel）和托斯坦·维厄瑟尔（Torsten Wiesel）把刚出生的小猫和猴子的眼睛缝合起来，使它们暂时丧失视力。结果发现，视力被剥夺后，小猫和猴子大脑中负责视觉的神经皮层区的构造和功能大受影响，即使后来把线拆开，它们的视力也大大受损。值得一提的是，只缝合一只眼睛的小猫，脑发育状况比两只眼睛全缝合的小猫还要混乱。

休伯尔和威泽尔推断：脑内神经细胞的连接是某种竞争、淘汰互动的结果。[25] 这个实验证明，大脑中视觉神经网络的构建是由视觉经验指导完成的，后天经验和环境在关键期时的刺激对大脑视觉神经的成熟起到了决定性的作用。

蒙台梭利博士观察发现，儿童的成长过程中也有类似的现象，因而将敏感期的理念应用到了幼儿教育上。她认为，孩子会在某一短暂时期内对环境中的某一部分表现出强烈而持续的兴趣，在这期间，孩子会乐此不疲地大量重复同样的活动，直至熟练掌握。

每一次敏感期的到来就像闪电一样，出现的时间很短，且不会再现。敏感期是大自然赋予孩子的礼物，是孩子习得各种技能的黄金期。在敏感期内，我们应该及时发现并给孩子提供丰富的环境支持，如果无法得到支持，孩子将失去这一最佳的学习时机，日后即使付出数倍的努力和时间，都不一定能达到理想的效果。

蒙爸说

如果我们为大脑的可塑性而惊叹的话，那敏感期大脑的可塑性会令我们叹为观止。敏感期时的大脑皮层很有弹性，只要浸润在环境中，其结构就会快速发生改变。

蒙氏教育理念认为，孩子在0～3岁会经历语言、社交、秩序、运动、感官敏感期。在这一阶段，婴幼儿一直处于语言敏感期当中，只要身在这个语言环境中，他们的神经连接就会一直变化，让他们听就好，即使不知道你在说什么，他们的大脑也在收录语言当中的所有细节。他们会毫不费力地完美习得环境中的所有语言，而成人要学习一门新语言，可要费九牛二虎之力。

蒙妈日记

昨天去动物园，爸爸带她看非洲羚羊。她捂着鼻子说："这里好臭啊，我不想看非洲动物了。"爸爸很是诧异，因为他都不知道这是非洲动物，回头一看介绍，果真是非洲羚羊。

爸爸回来问我，我仔细回忆了下，好像和她讲过寒带、热带的动物，好像还提过一句很多非洲动物就生活在热带……

现在女儿的词汇很丰富，朋友笑她说话就和大人一样，其实这都是因为我紧紧地抓住了她的语言发展敏感期。这个敏感期从出生，不，从孕期就开始了。

女儿在还没有说话之前，就总是盯着我们的嘴巴看。每次她的专注就提醒我特别注意自己语言表达的质量，用词准确、丰富，发音标准，尽量控制自己不要用"宝宝语"和"妈妈腔"。

从出生开始，爸爸每晚都会给她讲英语故事，不论她是否能听懂。到现在 2 岁多，她都能听懂很多大段的英文绘本故事了。

我们两个都是中国人，在家从来不说德语。从 2 岁起，孩子进入德语托儿所，3 个月后，我就发现她能听懂老师的不少指令，5 个月后，就开始和老师用德语交流了。不过从德语和英语的学习经验来看，2 岁后远没有 1 岁前吸收快。

在敏感期，婴幼儿学习的大门始终敞开着，因此作为父母，应该把握天赐良机。然而泛泛了解敏感期的时间点并无多大意义，我们在本书第二部分提供的每一张分月龄环境设计图，其细节无不体现孩子在当下的发展敏感区。

比如，在孩子出生后视觉最敏感的前5个月，我们准备了辅助视力发展的吊饰；从出生到6岁都是语言发展敏感期，因此我们在每个月龄段都开辟了一部分专门指导父母怎样有针对性地辅助孩子的语言发展。只要在实践过程中跟随我们进行环境创设，密切观察、因势利导，爸爸妈妈们就定能满足婴幼儿成长敏感期的需要。

幼儿的敏感期具有严格的时序性，这与大脑相应部分神经回路发育成熟的顺序密切相关。从还是妈妈肚子里的胎儿到出生，婴儿大脑的神经细胞数量就已经足够多了。出生后，大脑面临的课题就是如何把这些神经细胞联系起来，让它们协同工作。在这个过程中，神经细胞会经历增长、大规模削减以及迁移的过程。大脑的动态可塑，是因为大脑还有足够多的突触没有被削减，当某一个方面多余的突触被一点点削减了，主要的神经回路连接完毕了，这个系统最终需要的便是稳定，到此，敏感期就结束了，大脑的神经可塑性也就变得很小了。

神经生物学家还通过拔除小鼠胡须的方式发现，触感剥夺不仅给小鼠造成了触感发育不良，还减缓了小鼠多个感官皮层的发育。通过黑暗饲养的方式剥夺小鼠视觉输入的实验也得出了同样的结论。[26]因此，敏感期非常关键，在敏感期给孩子提供关键的环境准备，辅助神经突触的精炼、淘汰以及高效的神经回路构建，其影响要比我们想象得要深刻、广泛得多。

很多最新的科学研究成果都有力地证实了蒙台梭利博士通过观察、总结得出的教育理念的科学性，在我看来，这是世界上为数不多经得住现代科学检验的教育方法。在孩子生命中最重要的前三年，他们大脑中的神经网络经历着大规模的形成、削减和迁移，而在这个动态的塑造过程中，教养环境起到了至关重要的作用。高质量的教养环境不仅要丰富，更要有序、真实，还要紧紧跟随孩子的兴趣，抓住孩子的发展敏感期。教育是一门跨越多种学科的雕刻艺术，父母只有了解育儿科学，才能在孩子生命中最重要的前三年，在教育的黄金期，给孩子的未来做最好的准备。

第4章

蒙氏爸爸在德国

爸爸和妈妈由于性别和成长经验的差异，往往有着不同的教养风格。而爸爸的参与会给孩子的未来带来明显的积极正面的影响，这个影响还会一代代传下去。爸爸的参与情况有时甚至比妈妈的疼爱更能预测孩子未来的认知水平、情绪状况和社交能力。[27] 在西方文化中，爸爸的疼爱能够减少孩子发展的困难，如儿童期的情绪、行为问题以及青少年时期的吸毒等不良行为。[28]

无数的科学研究以及铺天盖地的媒体、书籍都在强调爸爸在孩子成长中的重要影响，但是看看身边的家庭，我们发现在现实生活中，中国爸爸的参与度还是非常低的，尤其是与德国爸爸相比，要低得多。

德国爸爸 vs. 中国爸爸

在欧洲，男女平等的观念由来已久，因此在育儿这件事情上，早已不再有严格的父母角色分工。近几十年来，德国这一状况愈发普遍，尤其是在父母有了同等的育儿假期之后。妈妈不再是育儿的主力，爸爸也不再仅限于工作之后的陪玩，夫妻二人在育儿这件事上更多的是互助合作的关系。

德国的文化价值观非常强调男性在家庭活动中的参与度，爸爸不只是在外赚钱养家的人。而德国的爸爸们也都以当“奶爸”为傲，并不觉得这是丧失男子气概的角色。在德国的周末，经常能看到爸爸们推着婴儿车到处溜达，或是骑车带着孩子翻山越岭。和当了爸爸的德国同事一起聊天，我们的共同话题从来都不只是工作、喝酒和球赛，也常常兴致盎然地交流育儿心得和育儿糗事。为照顾孩子而请假缺席、耽误工作，这在德国完全不会收到异样目光，爱家、爱孩子的男人形象不会给工作减分，有时甚至会因此获得更多的信任。

《三字经》中有“养不教，父之过”一说，可见中国传统文化中并没有忽视爸爸在家庭教育中的重要作用。那么，中国当下普遍的“丧偶式育儿”应该只是经济发展过程中的一个附带现象。随着社会的进步，中国的爸爸应该像德国的爸爸们一样，越来越深入地参与到育儿生活中。

蒙氏爸爸的心态准备

在身边德国爸爸们的影响下，我一直在努力寻找蒙氏爸爸独有的参与方式：建立妈妈无法取代的教养地位，不与妈妈的角色重叠，而且这种教养风格既能符合传统文化对男性形象的定位，也能满足现代社会对爸爸高度参与育儿工作的期望。

有时候，我们从动物世界中也能找到一些灵感。帝企鹅是公认的“超级奶爸”。当配偶在冰雪覆盖的海岸上产蛋后，会回到海里觅食。企鹅爸爸则会将蛋放在脚掌上，继而用腹部的皮毛把蛋裹起来，在寒冷的气温下站着孵蛋近两个月之久。企鹅爸爸就这样忍受着寒冷和饥饿，等待配偶回来。

凶狠勇猛的公狼也是“超级奶爸”。即使狼妈妈是主要哺育者，狼爸爸负责捕食，但是狼爸爸常常等到小狼吃饱后再吃。有的狼爸爸会为小狼咬碎骨头，小狼则会在爸爸身边各种调皮捣蛋，撕咬耳朵或者尾巴，狼爸爸从不反抗。

不论是帝企鹅还是狼爸爸，它们对后代的体贴关怀并不会让我们觉得这些动物丧失了原本雄性的气质，相反，它们有着铁血柔情般的魅力。人类亦是如此，男性并不会因为陪伴孩子而影响男子气概，相反，因为孩子，爸爸们会变得更加成熟、更有担当，成为家庭遮风避雨的保护伞。很多男性成熟的转折点，就是孩子的出生。如果男性有足够的心理准备，便能更加轻松地应对这一角色的转换。

可以这样做

建议准爸爸们在心态建设上做好这样的准备：

1. 在成为爸爸之前，就要明确知道自己将会面临一种崭新的生活模式，永远不会再回到百分百轻松自在的二人世界了。这个小宝宝会在未来很长一段时间里占据妈妈的整个身心，包括自己的一部分世界。理解妻子的同时，也要努力调整自己的生活节奏和方式，尽量改掉从前不利于家有儿女的生活习惯，比如频繁应酬。同样重要的是，要始终努力在任何阶段与妻子建立更深厚的亲密关系。
2. 刻意提醒自己：我当爸爸了。妈妈怀胎九月，已经与宝宝建立了紧密的联结，潜藏在女性心中的母爱本能很轻易就被激发出来，生产后的荷尔蒙也会自然激发母性行为。而爸爸不同，突然怀抱着一个看起来很陌生的软绵绵的小婴儿，的确需要刻意提醒自己“爸爸”这一新增角色。这一过程对我们来说并不像妈妈那么自然，需要时间和机会。如果爸爸在妻子孕期积极陪伴产检，期待孩子的出生；如果在孩子出生前，爸爸的心智已经比较成熟，那调整心态时会容易得多。

蒙氏爸爸在共生期

孩子出生后的前两个月，我们称为共生期。共生期内，父母双方都面临着相当大的挑战，爸爸不仅要照顾好产后恢复期中的妈妈，辅助妈妈与婴儿建立亲密的依恋关系，还要努力适应新的家庭模式。初为人父的男性，在身体疲惫的同时，心理上也是万分不易的，他与婴儿的亲密关系还没来得及建立，而他深爱的妻子却完全被眼前看似陌生的婴儿夺走了全部注意力，内心必然会有或多或少的失落和嫉妒。如果多辅助妻子照顾婴儿，丈夫很快就能感受到成为父亲的喜悦和荣耀，而这些会极大地冲淡那些微不足道的小情绪。

可以这样做

建议新手爸爸们在共生期做好下面这些事：

1. 爸爸要在妈妈哺乳期时给她提供全方位的支持。母乳喂养非常辛苦，可能会遇到各种各样的疼痛和挫折，这时爸爸要做的就是倾听和鼓励，并且积极辅助，比如帮助妈妈调整哺乳的姿势和哺乳环境、给孩子拍嗝，或者多承担一些家务。当妈妈不能或者不愿再坚持母乳喂养时，不给她施加压力，让她自由决定是否继续母乳喂养，以及坚持多久。
2. 爸爸要时刻关注妈妈的情绪，防止妈妈出现产后抑郁的情况，同时也要关注自己的情绪，爸爸同样也可能出现产后抑郁的症状。
3. 与妈妈有明确的时间分工，争取尽可能多的时间让她休息。比如我们家，孩子大部分时间由妈妈负责，而我会在下班以后和周末承担大部分育儿工作。我的妻子产后身体极为虚弱，我们又身在海外无人帮扶，因此为了提高育儿效率，我和妻子有了明确的育儿时间分工。积极参与也让我了解到养育孩子的辛苦，这要比全职工作累多了，也因此更能体会妻子的不易。爸爸的专属育儿时间也让我更早地和孩子相互熟悉，与孩子建立了不一般的亲密关系，也更早地意识到成为父亲的责任和意义。

4. 摸索出自己擅长的育儿任务。即使是奶粉喂养，最好也还是由妈妈来进行，这样有助于建立安全的母子依恋关系。爸爸可以尝试的是：给宝宝洗澡、带宝宝在室外散步、给宝宝讲睡前故事……每天都由爸爸在固定时间来完成这些任务，规律的作息有助于婴儿建立安全感。

建立无法取代的教养地位

孩子一出生就能识别妈妈的声音和气味，在妈妈的怀里很容易就能平静地睡去。在爸爸看来，这简直是奇迹。即使爸爸有心参与，很快也会心甘情愿退居二线，做起辅助工作。在这样的情况下，妈妈很快就进入了角色，能快速识别宝宝的需求，了解宝宝的个性气质，母子间建立深深的依赖，这样的关系不自觉地就产生了排他性。

刚开始，育儿的大部分工作都是关乎吃喝拉撒睡。在这些方面，女性更加擅长，由于照顾技能娴熟，或是出于内心的优越感，或是潜意识中不愿与爸爸分享跟孩子亲密相处的权利，实际上妈妈会事必躬亲。因为在妈妈眼里，爸爸总是这也做不好，那也做不好，但是指责也会大大打击爸爸参与的积极性。这是不理想的开端，而我们知道，开始的模式很重要。

共生期之后，在惯性的驱使下，妈妈包揽了大部分的育儿工作，但这不利于婴儿与母亲逐渐分离的经验积累。此时，爸爸的参与对孩子心理健康成长极为重要。

在感到不安全时，我们的女儿大多数时候会找妈妈，但在有些情况下，她只会找我，说明对她来说，在某种情况下，爸爸比妈妈更能给她提供安全保障，尽管她在何种情况下会做出怎样的选择我们不得而知。如果孩子能与父母双方都形成安全的依恋关系，那他们未来应对压力的能力就会更强。所以，在共生期后，妈妈要及时鼓励爸爸积极参与到育儿工作中来，爸爸也要努力建立妈妈无法取代的教养地位。

提供独到的育儿思路

尽管爸爸并不擅长照顾孩子起居类的工作，但在妈妈束手无策的时候，爸爸不一样的教养风格往往能提供出其不意的育儿思路。

面对哭闹不止的婴儿，有些妈妈通常只会用乳房来安抚，而长期来看，这种方法的负面影响不小，夜醒、“奶睡”及过度依赖乳房的问题会层出不穷，妈妈会疲惫不堪，爸爸更是爱莫能助。在这种情况下，爸爸可以勇敢接手安抚工作。无法提供母乳的爸爸只能靠观察孩子、琢磨孩子的需求和喜好来安抚他们，这有益于建立一种良性循环。比如，爸爸特有的低沉、缓慢的嗓音就有很好的安抚作用。

记得女儿快两个月大的时候，每天傍晚都有肠绞痛的症状，爸爸那时就用“坐飞机”式的方法抱着她在各个房间游览，看墙上的画，看转动的洗衣机，看浴室镜子里的自己，看阳台上的花花草草……这种做法有效地缓解了她的痛苦。我就没有足够的体力抱孩子那么久。

有一次为了让我休息，爸爸接手了陪女儿入睡的工作，然而爸爸总是善于让孩子兴奋，而不是安静，结果 3 个月大的女儿到凌晨 3 点还没入睡，最后爸爸将女儿放到汽车座椅里，开车绕着小城转了两圈，很快，小不点儿就安稳地睡着了。爸爸带娃的方法真是让人“叹为观止”！

依照自己的专长分工

为了提高育儿效率，妻子给我分配了专项育儿任务，比如英语启蒙。妈妈最好是用母语跟孩子交流，因为母语是最重要的语言。如果爸爸有第二语种的优势，同时孩子有充足的母语环境，那么爸爸则是开启孩子外语启蒙的最佳人选。

由于平常下班之后就到了晚饭时间，并不适合与孩子太过兴奋地玩耍，所以我的任务主要是英语亲子共读。从孩子出生起，我就坚持每晚给她讲英语睡前故事。其实在很长一段时间里我都怀疑，这个小不点儿到底能吸收多少，然而不到一岁，女儿就能听懂上百个英语单词以及我的简单英语指令了；一岁后，她就开始陆续蹦出了很多英语单词；两岁后就能听懂很复杂的绘本故事，也能跟我用英语简单交流了。英语启蒙是妻子全权交予我的任务，我能看到自己的付出收获了显著的成效，就更有信心坚持下去。

扫描二维码，
看视频尝试在家双语教育。

蒙爸说

很多爸爸不是不想做，而是不知道做什么，或者不管做了什么都会被指责。如果妈妈们尝试跟爸爸分工，明确交代给爸爸一些专项育儿任务，并做到不插手，让爸爸独享一部分育儿的成就，那育儿效率和质量都会大大提高。

除了亲子阅读，爸爸可做的事情还有很多。我们在家实践蒙氏育儿需要通过设计房间、改装现有的一些家具来满足孩子当前的发展需要。受身边德国爸爸的影响，我也尝试做了一些木工活儿，如今也算是一项爱好了。得益于我的理工科背景，我还能随时随地给女儿进行科学启蒙。有一次，我们去了热带植物园，正好看到水中漂浮的椰子，我就顺势给她讲起经常读的一本书《会旅行的种子》，她由此更具象地理解了什么是通过水来传播的种子。

大多数爸爸由于工作的缘故，陪伴孩子的时间有限，然而在有限的时间里，只要坚持，在育儿最关键的前三年，定能有无限的影响力。

全身心地和孩子做游戏

在孩子出生后的最初几个月，如果爸爸妈妈不借助太多外力，而是二人协同作战的话，很快就能摸索出婴儿的生活规律，照料工作也会逐渐变得容易起来。很快，妈妈一个人就能轻松应对很多育儿工作，爸爸则能发挥出独有的优势，就是与孩子做游戏。

德国的一项研究显示，父亲在游戏中的敏感性可以预测孩子的安全依恋关系。父亲的这种敏感性表现为能接受孩子发起的游戏，能根据孩子的能力调整自己的游戏方式，对孩子的情绪表达做出的反应等。[29]

下班后太累，有时候我也会偷懒，不时拿起手机来瞄两眼，顺便“逗”孩子，谁知孩子并不买账，隔几分钟就要去找妈妈。在分工时间内完不成任务，我们两个人都得不到休息，育儿效率也会大大降低。意识到这个问题，我就全身心地、投入地跟孩子做游戏，当孩子玩得尽兴、满足后，她便会安静地享受一会儿独处的平静时光，之后的好长时间都不会“黏人”和“无理取闹”。

为什么母子游戏无法取代父子游戏？为什么孩子依恋妈妈，但是更喜欢和爸爸做游戏？

我们观察了很多父母与孩子建立亲密关系的方式，发现大部分妈妈会通过肢体接触，比如亲吻、抚摸和语言交流的方式来与孩子互动，而爸爸更多的是通过游戏互动的方式。妈妈也会和孩子做游戏，但是爸爸做游戏的方式与妈妈有很大不同。这些游戏可能在妈妈看来过于激烈、危险，或者过于辛苦。

女儿从 4 个月大时就喜欢玩躲猫猫的游戏，而我和妻子跟孩子玩躲猫猫游戏的方式和强度相当不同，很明显，女儿在和我做游戏时，活动量要大很多，而且更加兴奋。

由于男性自身的成长经历，爸爸们更习惯于接受运动中的身体碰撞和小痛小伤，可能也更少有畏惧心理，这些态度对孩子都有深刻的影响，能让他们在未来生活中更加勇敢，更能积极面对挫折和挑战。

妻子会非常有意识地放手让孩子挑战，但是在我看来，也许是因为在体力和高度上无法更自信地给孩子提供保护，妈妈仍然常常低估孩子的潜力。

母女俩经常去户外游乐场，而我仅能在周末陪女儿去一次，但是女儿每次的突破性进步都是和我在一起完成的！事实上，大部分男性比女性在户外更有优势，更能鼓励孩子进行有益的冒险，挖掘最大的体力潜能。

可以这样做

我建议爸爸们可以跟孩子进行以下这些游戏：

1. 在家里做的游戏，除了经典的躲猫猫，我们还经常玩吹泡泡、挠痒痒、钻纸箱，还有拉毛毯，即让孩子坐在毛毯上拉着走，以及坐飞机，即让孩子坐在爸爸肩膀上升降，等等。
2. 户外活动就更多了，比如跑步、攀爬、游泳、骑各种车、踢球、堆雪人，等等。

在婴幼儿时期，爸爸与孩子积极地互动游戏能帮助孩子习得很多社交技巧和语言技能，帮助孩子更好地解读别人的情绪，因为爸爸更了解怎样行之有效地在游戏中获得快乐，而不是相互伤害。与爸爸在一起的这些经验还能帮助孩子有效地参与到同伴群体的活动当中，而这会更深刻地影响孩子的认知、社交、情绪等多方面的发展。

曾经有一个研究老鼠的实验。老鼠是群居动物，一窝老鼠中有一只鼠王。实验发现，经常和其他老鼠打闹的幼鼠会习得以静止不动的方式避开鼠王的攻击。如果我们禁止幼鼠和其他老鼠打闹，它们就无法获得更多的社交经验，常常会引起争斗，也容易引起鼠王的攻击。不仅如此，它们在走迷宫找食物的实验中，也比其他老鼠行动缓慢。

与爸爸一起多运动，这对男孩来说更加重要，因为男孩更喜欢肢体方面强度更大的活动，他们精力更加旺盛。父亲更倾向于和孩子玩更刺激的游戏，这样的游戏能够帮助孩子们在未来更加勇敢地探索环境、挑战自我。我们总说教养方式要注重个体差异性，这其中当然包括性别差异，父亲在男孩的教养上尤其重要。美国社会学家司科特·科尔特兰（Scott Coltrane）通过观察发现，妈妈的社会地位越高，爸爸对育儿的参与程度就越高，而且爸爸妈妈会一同参与做出家庭的重大决策。在这种家庭氛围影响下成长起来的男孩，更早地切断了与母亲深层的自我认知连接，通过男性特有的行为方式与父亲建立起了深层的情感。多与爸爸做游戏，能帮助男孩模仿爸爸成为小小男子汉。

游戏对女孩同样重要。和爸爸一起做游戏是女孩们最好的体育锻炼，能让她们更加健康、活跃，更少受到社会上对女性片面、局限的性别定位。

蒙氏爸妈高效合作育儿

爸爸们要尽量避免在育儿工作上跟妈妈进行权利争夺，育儿不是竞技。父母二人，谁是主要的观察者和陪伴者，谁便是育儿的权威。理想情况下，能坚持民主当然最好，然而现实条件下，两个人能在育儿的根本理念上达成一致就可以，在育儿细节上，只听从一方的意见效率最高，我们应该更相信陪伴孩子时间更多的那个人。**永远没有一百分的爸爸或妈妈，而如果两个人配合默契，就会有一百分的家庭教育。**

有一天女儿反反复复在浴室用香皂洗手不出来。爸爸担心她洗太久，手都要搓破了，让她快点从浴室出来。当然了，女儿无动于衷，洗得更带劲了。

我知道跟孩子说“不要干什么”的话一点用都没有，反而会让她对这件事更有兴趣，于是我对女儿说：“你洗吧，洗得不想洗了再出来。”然后我大声对爸爸说：“咱们俩一起读那本《伊丽莎白去医院》的故事吧！”爸爸迅速配合，大声说：“好啊！”

于是我们俩开始“声势浩大”地读起了绘本，不到两秒钟，小不点儿就噔噔地跑过来挤到我们中间开始听故事了。

配合“演戏”育儿效率奇高，但在孩子表现出不好的行为时，我们也要迅速站成一队，让孩子明白行为的底线。我们不赞成“一个唱红脸，一个唱白脸”的做法。

女儿今天下午吃了太多零食，晚餐没胃口，就开始“天女散花”。

爸爸大声制止道：“不可以扔食物！”很少看到爸爸这么严厉，女儿开始眼泪汪汪地哭着叫妈妈，还气急败坏地继续扔。

我一直在厨房，听到声音赶紧过去，控制住女儿正在扔食物的双手，把她抱下餐椅，用坚定的语气说：“爸爸说得对，不可以乱扔食物。”女儿更加委屈地哭，我用稍微缓和的口气安慰她，“我和爸爸都爱你，也知道你现在很不高兴，但是不接受你扔食物的行为，吃饱了就可以告诉爸爸‘吃饱了’，说出来。”

我们家在育儿细节上有意见分歧的时候，我会第一时间不假思索地认可妈妈的做法，因为在我看来，和谐和效率胜过强调对错。我们只在孩子不在眼前的时候探讨遇到的分歧，如果无法得到统一的解决方法，我就尽量“装睡”。

蒙妈日记

今天累了，我和爸爸都想休息一会儿，于是给永不疲倦的女儿准备了洗小内裤的工作。她一个人在浴室忙活。

不一会儿，女儿提着一条湿淋淋的内裤挂在晾衣架上，又急急忙忙去洗第二条。晾衣架下面的底盘里满满的都是水，马上要溢出来了。

洗到第三条时，沉浸在手机中的爸爸突然发现一排湿淋淋的小内裤，条件反射地说："不行不行，这要拧干……"

我立马按住爸爸说："瞧瞧这小内裤洗得多干净，蔓蔓长大了！"

女儿看着自己的劳动成果，竟然开心地鼓起掌来，又冲进浴室洗更多的内裤去了。

其实我也是花了很大力气才忍住当着孩子面儿拧干小内裤的冲动，没有洗干净的小内裤和可能被浸泡的地板远远没有女儿的满足感和自豪感重要。

这则日记中妈妈没有写到的是，当女儿再次回到浴室的时候，我悄悄跟妈妈建议过："你可以示范她怎么拧干呀！地板都要被泡了！"可妈妈只是摇头，没有解释更多，因为女儿又来晾衣服了。我当时没有理解妻子的做法，一个劲儿地心疼地板，但也只是埋头看手机，装作没看见……

花时间少的一方应该通过观察对方与孩子的互动，并且常与对方交流孩子的情况，在一定程度上弥补自己陪伴时间的不足，以此更有效率地解读孩子的语言和需求。有时因为工作繁忙，我陪孩子的时间比较少，等闲下来了，突然积极地和她做游戏时，就经常因为生疏而产生问题。记得在女儿刚开口说话的阶段，我经常无法理解她的"外星语"，女儿就会很懊恼，然后向妈妈求助。有时甚至因为不了解，我还经常误会孩子。

前两天开始，德国进入了夏天，非常热。带女儿去玩水，那里有好多大孩子玩水枪，不小心把水喷到了她脸上，她哭得很伤心。我安慰她说，我小时候也玩水枪，和小伙伴打水仗。天热的时候，水洒到身上可舒服了。

周末在家洗澡的时候玩水枪，从来都是往池子里喷水的女儿突然就往爸爸身上喷，爸爸很严肃地告诉她："不能用水枪冲着别人！"

女儿立马伤心地哭了，叫："妈妈妈妈……"

爸爸说："要不你问问妈妈，看看能不能这样做。"

我过来了解了原委后，才知道是个误会。解释了一通后，爸爸说："原来你不是故意的，原来你以为在打水仗啊。"

女儿这下感觉被理解了，如释重负。我告诉她只有在打水仗的时候才能冲着别人喷水。

后来反思，平日有多少事情我们误会了孩子呢？肯定不少。多和孩子在一起，才能尽可能地不误会这个还不会用语言来为自己辩解的小朋友。

每当没有太多时间陪女儿的时候，我就会阅读妈妈的家庭观察手记，了解孩子最新的发展状况。

爸爸陪伴时间过少不仅难以与孩子实现同调互动，更糟糕的是还会影响与孩子的亲密联结。很多爸爸抱怨孩子只黏妈妈不黏爸爸，爸爸一抱就大哭大闹，根本原因就是和爸爸不熟悉。在这种情况下，爸爸更要多和孩子全身心地做游戏，在一定限制范围内给他们更多尝试体验的自由。但遇到需要立规矩的时候，还是先把孩子交给妈妈。只有建立亲密关系后，爸爸才有资格"教育"孩子。

在我们家，我还经常和女儿做一些妈妈不常和女儿做的事情，比如修车、种植等，让女儿感觉这是和爸爸在一起的“特权”。

蒙妈日记

我在卧室看书，只听到女儿在客厅“噔噔噔噔”跑来跑去的声音。

爸爸说：“我要修下自行车。”女儿噔噔跑过去说：“我来吧。”

爸爸说：“我要去种葫芦。”

女儿噔噔跑过去说：“让我来吧。”

总之外边始终就是“噔噔噔噔”很重的脚步声和复读机一样发出“我来吧，我来吧”的声音。

很多人问我蒙氏教育到底是怎样一种理念，我以前都会“呱哒呱哒”说一大堆，今天突然想来，其实答案很简单，就是听见孩子“让我来吧”的声音。

在所有哺乳动物当中，人类的儿童期最漫长，人类的孩子也最脆弱。通过生物进化，大部分哺乳动物只需要父母一方负责养育工作，而人类需要很长时间的照顾才能独立行走、吃饭和生活，婴幼儿需要特殊周全的照料才能长大，进而独立面对世界。因此，与其他哺乳动物不同的是，养育子女是人类父母双方共同的职责，我们需要通过互助合作来完成这一艰巨而神圣的任务。

科学实证

瑞士的一位研究者做了一项关于爸爸、妈妈和3个月大孩子的三角关系的研究。家庭中的3个人以三角形的方位坐下来，孩子能看见妈妈，也能看见爸爸。爸爸妈妈轮流和孩子做游戏，整个过程会用摄像机录下来。最后从摄像中能看出不同的夫妻关系，有的是明显的竞争关系，其中一人总是试图让孩子始终关注自己，还会经常打断另一个人与孩子互动的过程，另一个人总是难以找到表现的机会，处于被忽略的地位，于是很多人就开始走神、表现得无聊，甚至坐立不安。而3个月大的孩子，有的竟然会不时地去看另一位被忽略的家长，好像在期待他/她的加入。

而有的夫妻关系属于合作式，他们始终将注意力放在孩子身上，即使在对方主导游戏的时候，也不会轻易去打扰，而主导游戏的一方会不时地与另一方进行眼神互动，鼓励另一方在合适的时机加入。父母懂得分工合作，对孩子社交能力的培养助益很大。

在西方社会，婚姻幸福的父亲和孩子在一起的时间更长，沟通更有效，而父亲的不参与往往容易导致婚姻失败。[30]夫妻关系是否和谐会直接影响到亲子关系的质量，因此作为父亲，我们首先应该经营好自己的婚姻生活，这是家庭生活所有内容的基础。

我翻阅了几乎所有关于父亲角色的研究，所有的结果都证实了父爱的力量。如果一位父亲不知道该怎么做，那接下来的实践篇会告诉你我们所做的一切。成为一个好父亲一点都不难，关键在于你是否愿意。

Part 2

实践篇

陪孩子走过生命中最重要的前三年

蒙氏爸妈私家设计图纸

注：左上角为活动区，右上角为喂养区，左下角为护理区，右下角为睡眠区。

第5章

0～4个月，手把手带你在家实践蒙氏教育

蒙氏宝宝成长观察手记

1个月

大动作	● 趴着的时候可以稍微抬起头 ● 躺着的时候手舞足蹈 ● 闻到或者尝到特殊的味道会做鬼脸 ● 莫罗氏反射①明显
手眼协调	● 目光可以锁定到距面部 20～25 厘米的物体 ● 目光可以跟踪眼前近距离移动的物体 ● 喜欢盯着有亮光的地方，比如灯和窗户 ● 可以把手放进嘴里，但是还无法真正控制手的动作 ● 抓握反射②明显
语言	● 用不同的哭声表达不同的需求，有表达饿的哭声、表达无聊的哭声、表达疲倦的哭声、表达不舒服的哭声 ● 高兴的时候会发出不同的声音，手舞足蹈 ● 和她说话或者唱歌的时候，她会发出很多类似“ai”或者“en”的音，反应积极
认知	● 喜欢观察周围的环境 ● 着迷于眼前的事物，比如黑白吊饰，以及天花板上的灯 ● 在眼前消失的事物再次出现时能认出来 ● 能识别家庭成员的声音
社交	● 喜欢被抚摸，喜欢人的笑脸 ● 会盯着爸爸妈妈的眼睛看 ● 洗澡的时候开始放松，会用脚拍打水花 ● 开始模仿爸爸妈妈伸舌头

① 莫罗氏反射（Moro reflex）是一种新生儿反射，由奥地利儿科专家欧内斯特·莫罗（Ernest Moro）首先发现和描述。当变换婴儿的位置或姿势时，他会出现双手迅速向外伸张，然后再复原做拥抱状的动作。

② 抓握反射是指任何接触到手掌和脚掌的物体，都会立刻引发婴儿做出反射性动作，将手握成拳，紧紧抓住放进手中的物体。

2 个月

大动作	● 开始能在一定程度上控制自己的四肢 ● 能抓住小物体一会儿 ● 趴在活动垫上的时候能抬起一会儿头 ● 爸爸妈妈抱着的时候也能抬起一会儿头 ● 反射活动明显减少
手眼协调	● 开始控制自己的手，手指比原来放松、柔软 ● 喜欢观察自己的手 ● 抓握反射减少 ● 能抓住眼前的一个物体，然后放在脸旁 ● 开始想要拍打眼前的玩具，但是还拍不着
语言	● 放松的时候会发出重复的元音，比如“aaa”或者“ooo” ● 突然听到某种声音时，会朝声音来源的方向看 ● 会观察跟她说话的人的动作和表情 ● 当爸爸妈妈对她发出的声音做出回应时，她会发出更多类似的声音
认知	● 喜欢听音乐 ● 偶尔能睡整觉 ● 听到洗衣机或者汽车的声音时会感到放松，容易睡着 ● 看到澡盆里的水就会非常激动 ● 喜欢看带人脸的玩偶
社交	● 在她第一次微笑后，如果爸爸妈妈也微笑，她会再次微笑 ● 喜欢让周围的人都关注她 ● 如果爸爸妈妈和她玩儿，醒着的时间会更长 ● 一个人的时候，也能通过观察周围、拍打等方式自娱自乐地玩一会儿 ● 吃奶的时候更加注意和爸爸妈妈的交流，注视着爸爸妈妈的眼睛

3个月

大动作	● 能趴更长时间，能抬头更长时间 ● 可以自己从趴着变成躺着 ● 很喜欢爸爸妈妈将她竖直抱起，这样能更好地控制头和脖子 ● 能用脚很有力地踢
手眼协调	● 眼睛能追踪房间里走动的人 ● 尝试伸手够眼前的物体 ● 若把物体放在她手中，她会紧紧抓住 ● 很专注地看书上的图案，并伸手想要触摸 ● 很专注地看眼前的物体，试图将其放在嘴里进行探索
语言	● 经常长时间地享受发出高而尖的声音，像海豚一样 ● 当听到新的声音时，哪怕很微弱，都会静下来听 ● 喜欢听爸爸妈妈给她唱歌 ● 能“咿咿呀呀”几分钟
认知	● 发现用自己的手能让眼前的物体动起来，或者发出声响，并试图重复这个动作 ● 能听出熟悉的音乐 ● 爸爸妈妈张合嘴巴，她会跟着模仿 ● 专注观察眼前颜色鲜艳、能轻微转动的吊饰 ● 能认出不同的家庭成员
社交	● 喜欢大家关注她，照顾她 ● 会通过声音和动作吸引大家关注 ● 面部表情更加丰富 ● 哭得越来越少，笑得越来越多

4 个月

大动作	● 身体可以自由地转到左边或者右边 ● 竖直抱起来的时候，脑袋不再晃动，而且能够朝不同方向转动 ● 反射活动几乎消失
手眼协调	● 能捕捉、拍打眼前的物体 ● 能将一个物体从一只手转到另一只手上 ● 使劲摇晃手里的小物件，然后非自主地扔下 ● 能看到很远的距离，接近成人的视力
语言	● 看到眼前好玩的事物会“咯咯咯”地笑 ● 通过发出“咿咿呀呀”的声音来吸引爸爸妈妈的注意 ● 会仔细地听周围的声响
认知	● 如果眼前的一个物体突然消失，会一直盯着消失的地方看 ● 能记得怎么玩已经熟悉的玩具 ● 会注意看镜子里的自己 ● 白天只睡两三觉了 ● 会认真地盯着眼前书里的图片看，有时会伸手尝试触碰 ● 对渐变色的吊饰也有浓厚的兴趣
社交	● 会用不同的表情吸引大人的注意力 ● 喜欢盯着看大人吃东西 ● 感觉开心的时候会自发地笑出来，挠痒痒时会大声笑 ● 常会因为无聊哭闹着要出去 ● 给她唱歌的时候会很享受

喂养区环境设计精髓

孩子出生后的前几个月，哺乳会占据妈妈大量的时间，建议妈妈们尽可能在固定的地方哺乳。应把喂养区布置得温馨舒适、安静优美，远离手机和电视，以使妈妈全身心投入哺乳的美好时光，因为哺乳过程是亲子之间建立感情的重要时刻。

妈妈们可以选择一个足够舒适的哺乳沙发，同时可以借助哺乳枕和脚凳来调整哺乳姿势。这个哺乳沙发可以安排在视野比较好的窗边，妈妈可以一边哺乳，一边放松地欣赏窗外的风景。

扫描二维码，
参考更多家庭喂养区
设计方案。

哺乳沙发旁边可以放一张桌子，在桌子上放置一盏亮度较暗的台灯用于夜晚喂奶，同时放置一杯水、一本书以及家庭观察手记等。这样，妈妈在喂奶过程中就不需要再起身拿东西了。

母乳喂养 vs. 奶粉喂养

母乳是婴儿最理想的食物，这一点毋庸置疑，尤其是在欠发达地区以及存在食品安全问题的地区。我认识的大部分中国妈妈都有很强烈的母乳喂养意愿，她们至少愿意为之坚持4～6个月。不过关于如何科学进行母乳喂养，以及如何应对不能全母乳喂养的愧疚，都是很少涉及的话题。

我们先来谈谈如何科学进行母乳喂养。孩子出生后，应尽早将他放在自己身边，亲密接触以练习吸吮，即使条件不允许，我们也要尽最大努力。因为生产之后即刻的生理刺激会引起妈妈大脑中的下垂体分泌泌乳素，帮助乳汁分泌，所以开始得越早越有效，太晚开始或者中断之后再继续都会更加困难。

生产之后的4～5天，妈妈最初分泌出的淡黄或是金黄色的母乳，我们称之为初乳。这是一种惊人的食物，是妈妈能够给予新生儿最珍贵的琼浆玉液。初乳含有非常丰富的蛋白质，却不含脂肪，还能帮助新生儿胃肠蠕动、排除胎便。凯丽·史密斯（J. KellySmith）医师是美国纽约曼哈希特北岸大学医院的传染疾病及免疫科主治医师，她认为即使只坚持母乳喂养几周，也可以给孩子带来很大的保护，让孩子在一段时期内能够免于得传染病和过敏。

希瓦娜·蒙塔纳罗（Silvana Quattrocchi Montanaro）博士在《生命重要的前三年》（*Understanding the Human Being*）中写道：

> 初乳中的蛋白质含量丰富，是一般奶水的7 倍。附在蛋白质内的抗体，能立即对新生儿提供保护。虽然新生儿在孕期最后两个月已经从母体中收集了很多抗体，但是如果新生儿没有继续每天吸收足够的母乳，那些抗体还是无法保护婴儿很久。

在孩子出生后的最初几周，我们建议按需喂养，但是在这个过程中要通过观察，逐渐了解孩子的不同哭声所代表的意义。用不了多久，我们就会发现孩子饥饿的哭声有别于其他哭声，到那时就不会再手忙脚乱，孩子一哭就把奶头或者奶瓶塞进他嘴里了，应避免将喂奶变成安抚孩子的主要方式。最初的观察意识非常重要，这决定了我们未来很长一段时间内的育儿之路是否能顺畅。

按需喂养，意味着在孩子醒着且有意愿的时候，妈妈要尽量坐在哺乳沙发上，让孩子的脸贴近奶头，让孩子自己主动含住吸吮，不能硬塞。这是孩子来到这个世界上，与母亲建立平等、相互尊重关系的第一步。

新时代的亲子关系需要从孩子一出生就开始培养，如果我们不曾有过这样平等、相互尊重的家庭关系，那更要从最开始就有意识地修炼。对于这个阶段来说，喂养的过程决定着亲子关系的模式，我们要愉悦地享受，爱意浓浓地与怀中的小宝宝对视，这样的甜蜜互动一定会滋养出更多的乳汁。

按需喂养的同时，我们要记录宝宝每次吃奶的时间和量，正常情况下，孩子每天吃奶的时间会逐渐固定，间隔也会逐渐拉长，一段时间后，我们就能总结出规律，自然也就能实现按时喂养了。

我们再来谈谈无法进行母乳喂养的情况。当然，能够如上进行母乳喂养一定是最理想的情况，然而现实中总有各种主观或客观原因让很多妈妈无法给孩子提供母乳。中国的新手妈妈往往很难坦然接受育儿路上的这第一个不如意，这往往也是中国的社会文化所致，周围的很多亲朋好友以及“过来人”都会或多或少地给妈妈们施加压力，希望她们不要放弃母乳喂养。

不可思议的是，法国的母乳喂养率要比我们想象的低很多，法国社会事务部和卫生部所属的研究调查评估及统计局（DREES）2016年公布的统计数据显示，在法国，66%的新生儿可以接受到母乳，但是11周时已降至40%，4个月时降至30%，6个月时降至18%。[31]

实际上，即使奶粉无法像母乳那样给孩子提供最完美的营养，但只要孩子能吃到可靠的奶粉以及营养均衡的辅食，就像大多数法国孩子一样，依然能健康成长。传统心理学认为，喂养是婴儿与母亲建立依恋关系的重要过程，于是很多人就自然而然地认为，母乳喂养的孩子才能与母亲建立起安全的依恋关系。其实，这种以喂养为基础的依恋理论早已被推翻了。

科学实证

20世纪50年代，美国威斯康星大学动物心理学家哈里·哈洛做了一个著名的实验①，他和同事们把一只刚出生的婴猴放进一个隔离的笼子中养育，并用两只假猴子替代真母猴。这两只代母猴分别是用铁丝和绒布做的，“铁丝母猴”胸前特别安置了一个可以提供奶水的橡皮奶头。实验发现，即便“铁丝母猴”能提供奶，小猴也不喜欢长时间靠近它，而只喜欢待在没有食物提供的“绒布母猴”身边。

---

① 普利策奖获奖作者德博拉·布卢姆（Deborah Blum）在《孩子，怎样爱你才对》一书中，详述了史上极具传奇色彩的心理学家哈里·哈洛（Harry Harlow）所做的这个实验，哈洛用一段近乎残忍的心理学历史，击碎了曾经难以撼动的教养权威观念，带来最光明与温暖的教育改革。该书中文简体字版已由湛庐文化策划、万卷出版公司出版。——编者注

由此可见，给孩子提供持续温暖的爱才是建立健康依恋关系的决定性因素。因此给奶粉喂养妈妈们的建议就是：即使用奶瓶喂养也要亲自怀抱着孩子，温柔地与他对视，使用流量适中的奶嘴，以此弥补亲密机会的不足。

我们当然提倡所有母亲都要尽最大努力为孩子提供完美的母乳，不过如果做不到，或者实在无法坚持，也不需要给自己增添过多无谓的心理负担。育儿是长跑，习惯接纳不完美，你才能在这场长跑中以最佳状态坚持到底。

添加辅食早准备

经过 3 个月的亲密喂养，大多数孩子和妈妈都会非常享受这样的美妙时光，并希望无限延长下去，然而为了孩子的身心健康发展，为了未来能顺利地断奶以及添加辅食，我们不得不在每个重大转折阶段到来之前就开始做相应的长线准备。

从孩子 3 个月大开始，我们就可以用小勺子给他品尝一点当地当季的新鲜果汁，比如苹果汁、梨汁等，不要选择太酸的柠檬汁或者太甜的草莓汁。妈妈可以将孩子抱在怀里，用勺子轻轻碰触他的嘴唇，当他张开嘴巴时，可将果汁一点点地滴到他的舌头上。这样做的目的是让孩子尝试一些除了母乳或奶粉以外的可口味道，并不是为了提供营养。第一次尝试新鲜的口味，孩子往往会做鬼脸，这不代表他不喜欢，尝试两三天后，他就会逐渐喜欢并期待这些新的味道。

刚开始时，可以每周给他品尝一种当地当季的新鲜果汁，一个月后，我们还可以添加一两勺母乳或奶粉调和的蛋黄。

等孩子快到 5 个月时，我们就可以让他坐在我们怀里，用自己的小手啃一块烤馒头片或者硬面包。这时孩子对食物的兴趣已经越来越浓厚，我们要密切观察各种正式添加辅食的信号。

睡眠区环境设计精髓

关于新生儿应如何睡觉，每种文化、每个家庭都有不一样的方式。我们是一个传统的中国家庭，于是在家实践蒙氏教育的时候，便摸索出了一套中国人容易接纳和应用的蒙氏睡眠法，供新手父母参考，具体应用时，每个家庭还可根据自己的实际情况加以调整。

扫描二维码，
参考更多家庭睡眠区
设计方案。

蒙氏婴儿床

丽丝·艾略特博士在《小脑袋里的秘密》(*What's Going on in There*)中写道：

> 如果给早产儿提供一个“类似子宫”的环境，将他们安置在比较安静且黑暗的保温箱里，以近似胎儿的屈身姿态放在特制的舒适睡袋中，其健康状况、发育速度以及日后的智商分数都会比安置在传统式新生儿加护病房（灯光明亮、噪声多、保温箱太宽敞）表现要好。[32]

早产儿如此，新生儿也一样。由于新生儿大部分时间都在睡觉，所以我们也需要为新生儿特别准备一个类似子宫的睡眠环境，同时要注意保证房间足够温暖，灯光不能太亮，也不能有太强烈、太突然的噪声。

我们推荐新生儿使用婴儿提篮，这个提篮要模仿母亲子宫的环境，因此不能太大，用到孩子 2～3 个月大即可；为了不阻碍视线，同时保证呼吸畅通，也不能太深。

婴儿提篮完全可以自制。首先准备一个结实的、不超过 80 厘米长的带把手的篮子，然后从下到上依次放入床单、厚床垫、隔尿垫、婴儿抱枕。我们通过逐层加高的方式让婴儿高出提篮边缘，并使婴儿的头一侧高于脚一侧，稍微向上倾斜。这样，新生儿在睡眠中即使溢奶、吐奶也不会回流到口腔、鼻腔，有助于呼吸畅通。

扫描二维码，
参考婴儿抱枕制作方法。

尤其是婴儿和父母同床睡眠的时候，提篮可以在一定程度上将婴儿与成人隔离，以防宝宝在父母中间吸入太多二氧化碳、不小心被父母压到，或是被厚重的被子捂住。虽然这样没有让孩子独立睡眠那么安全，但是也在一定程度上减少了和父母同床的各种风险。

每次将婴儿抱起的时候最好连同婴儿抱枕一起，在不同人之间转手也是一样，这样不会惊吓到新生儿，婴儿抱枕上熟悉的气味也会让他有不少安全感。

我们还可以将提篮提到不同的房间，可以一边做家务或者一边会客一边照看婴儿，这样婴儿就可以一直待在我们身边。

如果一开始就将新生儿放置在一个大大的带有围栏的婴儿床里，他们往往喜欢蜷缩在一个小角落里，这与在提篮中被包围的感觉差别太大，有的婴儿很可能为此不愿意入睡，于是很多父母就不得不抱着他们睡。小小提篮，会给宝宝一种非常安全的待在子宫里的感觉。而且相比于普通带有围栏的婴儿床，提篮不会阻碍婴儿视线，婴儿醒来后可以轻松看到周围环境，以便在视觉敏感期刺激婴儿视力发展。

孩子出生后的前两个月是母子共生期，这段时间妈妈可以躺在婴儿提篮旁边，这样有利于及时反应，方便夜间频繁喂养。用不了6周时间，尤其当婴儿分清了白天、黑夜，夜晚睡眠时间逐渐变长以后，照顾者就可以逐渐减少陪睡时间。早期有意识地给婴儿提供独立睡眠的机会，在未来，成人和孩子都会受益无穷。

在婴儿房，我们可以准备一张矮床，空间允许的话，建议准备一个 1.5 米宽的双人床垫，下面加一个无腿或者短腿的床架，这张矮床的高度要能满足两个条件：一是孩子滚落下来不会有危险，二是大人睡在上面感觉也比较舒适。

可以在矮床上准备一到两个哺乳枕，方便妈妈偶尔夜间卧床哺乳。为避免让孩子养成“奶睡”的习惯，妈妈还是要尽量在喂养区的沙发上哺乳，等孩子可以独立睡在矮床上时，便可将哺乳枕放在床边做保护。

当感到婴儿提篮太小、婴儿翻身活动频繁时，就可以撤走提篮，让孩子直接睡在矮床上了，同时可以在床边铺上厚厚的地毯，防止孩子掉下来受伤。如果地板卫生、干燥，最好将床架直接撤离，变成落地床，这样不仅安全，也有利于孩子不久后自己独立上下床。

帮助新生儿区分昼夜

对新生儿来说，我们要做的首先就是帮助他区分白天和黑夜。在白天，尽量将房间弄得敞亮些，在宝宝醒着的时候让他玩儿，经常推他出去散步；当夜晚降临，就不要再和他做令他兴奋的游戏，只保留一点微弱的灯光，喂奶尽量在昏暗的环境中进行，不要和他说太多话，进行固定的睡前程序，如洗澡、按摩、换睡衣、睡前阅读、亲吻爱抚等。孩子很快就会明白，只有在天亮的时候才能玩儿，天一黑就要睡觉了。

宝宝半夜醒来时，最好先观察、等待，如果他无法重新入睡，可以轻柔地抚摸他，轻轻地说几句话，看他是否能平静下来继续入睡，不要直接将他从床上抱起来。在正常的生理规律作用下，孩子夜睡时间会自动加长，夜睡和日睡会成为完全不同的模式。

尊重婴儿的睡眠规律

从怀孕时起，胎儿在妈妈肚子里便有了自己的生物钟，因此宝宝出生后，我们要尊重他本来的节奏，让他想睡就睡，即使出门在外，也可以让宝宝睡在推车里。新生儿每天吸收的新鲜内容太多了，他需要不时地休息，日间超出负荷的刺激会给他造成睡眠紊乱。婴幼儿不像成人，白天睡得少了，晚上还能补回来，也不能为了让他睡得更好而随意将孩子的睡眠时间推迟。更不要轻易叫醒一个正在熟睡的宝宝，不管是为了换尿布还是为了喂奶，或者只是看看他是否一切都好。要知道，婴儿在睡眠的时候成长最快。

蒙妈说

婴儿的生物钟非常精准，为了能够尽快掌握，父母可以通过观察，将孩子所有的睡眠时间都记录下来，从中总结规律，在孩子发困之前便及时准备好睡眠环境。

我们反对对孩子进行严苛的睡眠训练，尤其在婴儿早期，这样的训练会给婴儿造成很多无法预估的精神创伤。不过我们建议父母建立科学培养孩子健康睡眠的意识和能力，很多父母不懂得婴幼儿的睡眠规律而对婴幼儿的哭闹过度回应，干扰了孩子本来的睡眠节奏，剥夺了婴儿独立入睡的机会，日久天长便会制造出很多睡眠问题，父母也会因此精疲力竭而无法给孩子提供高质量的日间陪伴。

与成人不同的是，婴儿睡眠中的快速眼动期（rapid eye movement，简称REM）很长，这时他们看起来处于似睡非睡的状态，有的孩子会完全睁开眼睛，有的孩子会哭着笑着做鬼脸，这时候不要着急去打扰他们甚至喂他们吃奶，他们正努力在两个睡眠阶段之间过渡。如果你擅自打断孩子的睡眠周期，那他们就会自动程式化，每到这个点必醒，等待被抱或者喂奶。因此，在听到宝宝的哭声，做出回应之前停顿几秒观察一下很有必要，可以给宝宝留下自我调试的空间。

哭声免疫不可取，但是在听到哭声后要冷静下来、停顿几秒，观察、分析婴儿哭声背后的真实需求。婴儿在出生后的最初几个月只有很少的情绪意识，他们的笑也许并不代表他们感受到了快乐，他们的哭泣也并不一定代表他们难过，只要我们能持续、稳定地给予婴儿满满的爱，他们的情绪发展整体上就会是良性的。因此，父母，尤其是妈妈，要学会逐渐接纳孩子的一些哭声。

建立稳定的日常作息和睡前程序

每天坚持规律的日程安排和重复固定的睡前程序对婴幼儿的睡眠很重要，这样他们就可以预测到接下来要干什么，也有助于帮他们建立更好的安全感。在最初的几个月，睡前程序不宜太长、太复杂，而且不管是谁来照顾婴儿，都要遵守固定的流程。

逐步取消夜奶

区分昼夜后，我们就可以帮助孩子延长夜睡时间，逐步取消夜奶。法国婴幼儿睡眠专家认为，婴儿一般在第 4 周的时候就不需要很频繁地吃夜奶了，直到两个月大，他们便能很自然地取消夜奶了。

我们没有必要按这个标准来要求自己的孩子，但是我们有必要了解婴儿大概何时应该具备怎样的能力，然后给孩子创造机会，去发现他们身上的这些能力。为此，父母不得不在知识和心态上做好全方位的准备。我们要相信自己的孩子，敏感、温柔地给予孩子发现和适应的机会，只要孩子身体健康，最晚到 6 个月的时候，就完全能够在白天吸收所有需要的营养，彻底取消夜奶。法国专家几乎全部坚持认为应在宝宝不需要夜奶的时候逐渐给他断掉，这对宝宝是绝对有好处的，因为额外地加夜奶会让宝宝夜间肠胃不适，难以平静，也不利于辅食的顺利添加，容易造成营养失衡。长期吃夜奶的习惯也容易带来肥胖和龋齿，还会影响妈妈的睡眠和孩子的独立成长。

将睡觉和吃奶分开

奶睡习惯是取消夜奶的很大障碍。对新生儿来说，睡觉和吃奶是难以分开的，但是作为父母，尤其是母亲，要始终有将孩子睡觉和吃奶分开的准备和努力。

法国妈妈常用的方法就是，宝宝一醒来就喂奶，新生儿一般在吃过第一顿后还需要小补一餐才能吃饱。吃饱之后，孩子就会呈现出“酒足饭饱”的安详状态，给他换好尿布后，我们要好好利用这段时间和孩子互动，增进亲子感情，刺激孩子各方面发展，可以将他放在活动垫上让他自己探索，也可以和他聊天、给他唱歌，总之要以各种方式让他醒着。这段时间过后，孩子就累了，开始表现出疲惫、烦躁的状态，还可能会莫名其妙地哭，这时我们就知道他是想要休息、想要安抚、想要睡觉了，而这次孩子需要更长时间的睡眠，等他醒来后，再重复这一过程。

如果我们能每日坚持这个节奏，孩子就会感到很安全、很满足，而且他不会将睡觉和吃奶联系在一起。他不是吃完奶就困了然后睡觉，而是玩累了才睡觉的，他只有在醒过来的时候才会吃奶。如果他仍然困了之后非闹着要吃奶，那是因为之前几个月的习惯一时难以改变，需要给孩子时间，让他慢慢适应。

营造一个适宜的睡眠环境

在德国和法国，儿科医生都建议婴幼儿房间的温度不能超过 20 摄氏度，我们也发现，孩子在低温通风的环境中睡得更加安稳，也不容易生病。虽然这与中国的传统习惯差别太大，但我们还是建议，尽量给孩子的房间多通风，房间温度尽量不要太高。

宝宝能睡个好觉，不仅对他的独立成长很重要，对妈妈来说也是意义重大。

生产之后，由于身体的变化和应接不暇的育儿工作，即使有足够的人力和财力支持，大多数亲喂亲养的妈妈还是会深感疲惫。拥有一个好的精神状态，妈妈才能全身心、高质量地陪伴孩子，而要实现这一切，就需要妈妈拥有好的睡眠！

在中国文化中，妈妈往往过度重视与孩子的依恋关系，而忽视了孩子独立自主性的发展，我们的成长历程让我们不自觉地将这些过度依恋的需求投射到孩子身上，看不到孩子与生俱来的独立愿望和努力。很多孩子在上小学后依然和父母同睡，在长达几年的时间里，父母都没有锻炼孩子独立睡觉的意识，因爱而剥夺了孩子独立自信成长的机会。

独立的道路是循序渐进的，父母需要早做准备，一点一滴地给孩子提供机会和空间。睡眠也是同样的道理。如果在早期忽略健康睡眠习惯的培养，我们将要在未来很长一段时间里付出极其辛苦的代价。安全感的真正来源是及时识别和满足孩子的需求，不一定非要通过陪睡才能实现。

护理区环境设计精髓

安全经济的换洗台

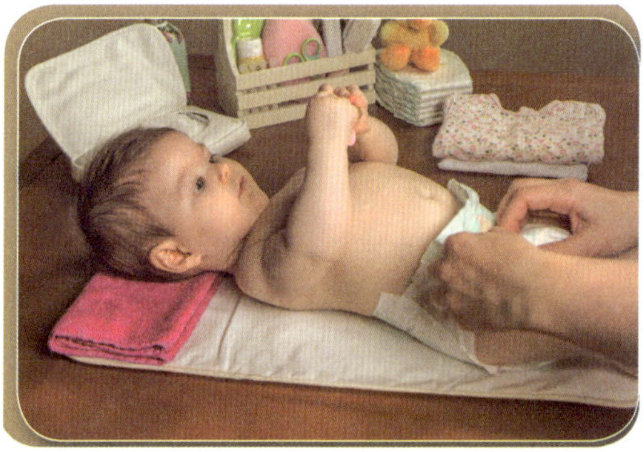

换洗台是护理区的核心。这个换洗台要尽量宽，这样在孩子翻身的时候才不容易坠落。换洗台附近要有一个收纳布袋或者收纳筐，在里面放上孩子常用的护理物品，如护臀霜、润肤油、纸巾、

尿布、温度计、梳子、生理盐水等。换洗台旁边还要放一个丢尿布的垃圾筐和一个脏衣篓。

如果家里有合适高度的储物柜，可以暂时改作换洗台，储物柜的便利之处是可以分类收纳婴儿衣物。在孩子能够坐甚至站的时候，换洗台的使用频率就很少了，所以没有必要买专门的换洗台。到时候撤掉柜子上的换洗垫，这个储物柜依旧可以用作孩子能够自主开关的衣柜。

扫描二维码，
参考更多家庭喂养区
设计方案。

很多家庭将换洗台设置在洗手池旁边，这也未尝不可，但是尽量不要和马桶在同一个屋子，因为细菌污染会比较多。

当孩子醒着且不饿的时候，我们再给他换尿布。换洗前要提前告诉孩子你要做的事，换洗动作也应该轻柔缓慢，不时和孩子互动交流，让他从一开始就喜欢清洁护理的时光。在孩子满月前，我们还要在这里为他清理脐带，在孩子的脐带自动脱落之后，我们就可以在这里给他洗澡了，母乳宝宝可以将这项任务交给爸爸来完成。

需要注意的是，千万不要将孩子单独留在换洗台上，即使你觉得他的活动能力还不足以让他掉下来。我们需要将这个换洗台准备得非常完备，一旦开始换洗就不需要离开。还要注意的是，在比较干燥的季节，尤其在干燥的地区，尽量不要频繁给孩子擦洗，否则容易造成孩子皮肤干燥。

推荐让孩子舒适自由的衣物

宝宝刚生下来的前几个月，我们推荐给孩子穿纯棉质地的斜襟和尚衣，这种衣服没有扣子、拉锁等硬物，能够很好地保护新生儿柔嫩的皮肤。到孩子四五个月大时，我们推荐给孩子穿包屁衣，因为当孩子开始准备爬行时，要尽可能给孩子脱掉裤子。这一切都是为了方便孩子自由运动，因此我们不推荐包脚连体衣。这个阶段，孩子也不需要穿鞋子，尽量光脚，冷的话，只穿袜子就可以了。

同时，我们建议不要给孩子穿过多的衣物，坚持比大人少穿一件的原则。衣物清洗时，千万不要使用柔顺剂，也不建议用消毒剂过度清理房间和玩具。

活动区环境设计精髓

不少家庭在婴儿醒着的时候依旧把他们放在床上，这样很容易造成婴儿的睡眠信号紊乱。当婴儿快要入睡的时候才将他们放到床上，这样才能建立起婴儿对床的睡眠联想。

那他们醒着的时候该在哪儿呢？

扫描二维码，
参考更多家庭活动区
设计方案。

我们应该布置一个小小活动区。趁着婴儿状态好的时候，将他们放在那里，给予他们自由探索的机会。在他们需要我们的时候，再

积极地和他们互动。

小婴儿的大部分动作还是反射性动作，诸如吸吮反射、吞咽反射、抓握反射等，之后有控制的动作会逐渐代替反射性动作，我们只有给予婴儿活动的自由，多将他们放在活动垫上，才能帮助他们尽快实现这个过程，顺利进入下一个发展阶段。

活动区的设置时刻提醒父母，小宝宝醒着的时候不应该待在床上，也不应总是在我们怀里。活动区是小婴儿发现和探索世界的第一个小乐园。

活动区三要素：活动垫、镜子和矮柜

我们可以在活动区放一块活动垫，可以用材质安全的瑜伽垫，也可以用比较硬质、不易滑倒的地毯。女儿出生两周后，我们就开始在她醒着的时候将她放在活动垫上。在她满月后，我们就每天让她练习一会儿趴的动作，时间由短变长。当孩子不愿意继续的时候，我们就将她翻过来，过一会儿再帮她慢慢翻过去。有的孩子喜欢运动，大动作发展得很早。当你观察到孩子有想要移动的意愿时，就可以在一旁示范，他们很可能会模仿，可以用手在胯部给孩子一点支持，帮助他们移动。如果孩子是不爱动的类型，也不要强迫，在他们愿意的时候给予足够的支持就可以了。我们需要观察，给予最恰当的帮助，孩子不需要的时候就耐心等待，绝对不能强迫他们做他们还不愿意甚至不能做的动作。

在活动垫旁边，可以横立一面镜子。镜子大小长约150厘米，宽约45厘米，等孩子开始站立和走路时，也能继续使用。请选择安全、不易碎的镜子，并且最好将镜子固定住。经常照镜子能够建立儿童最初的身体意象，提高自我觉知的能力。儿童发展与教育心理学博士劳拉·伯克（Laura E. Berk）认为，自我觉知是儿童情绪和社会生活的核心部分。

矮柜上的玩具数量要有限制，最多不要超过8个，还可以放两三本适合婴儿看的书。这个阶段，大多数家庭孩子的玩具还不是很多，但是随着孩子月龄的增长，玩具必然会越来越多，所以从现在开始，可以学习如何选择和收纳玩具。以后孩子的藏书也会越来越多，到时就需要单独准备一个小书架来陈列孩子近期比较喜欢的书，再用一个书柜或者书箱来收纳暂时不看的书。

不要每次将所有玩具和书都拿出来，在某个时间段只拿出他们当下感兴趣的玩具，陈设在矮柜上，而不是堆砌。可以借用各种盒子、盘子、竹筐等进行分类收纳，每次孩子不想继续时，我们都要当着孩子的面将玩具和收纳工具一起放回矮柜。

益智玩具

在生命的前3年甚至前6年，孩子都是通过感官经验的积累来塑造自身人格的，初生婴儿尤其如此。因此从一开始，我们就要为孩子提供丰富多样的辅助视觉、听觉、触觉发展的吊饰和玩具来刺激他们感官和动作的发展。

现代社会其实不乏各种所谓“开发婴儿智力”的声光电玩具，我还记得小时候我的婴儿床头挂着各种色彩艳丽、上了发条后像电风扇一般快速旋转、带有刺耳音乐的旋转床铃，但是这些塑料制品过于炫目和吵闹，还有些过于劣质，反而给婴儿的感官开发带来了不利的影响。

我们可以购买或者自制各种天然材质的风飘吊饰，这些吊饰如此轻巧，可以随风摇动，幅度又不会太大，小婴儿的眼睛可以跟踪到，有时小手还可以拍到。

用来看的风飘吊饰可以挂在距离宝宝 30 厘米左右的高度，要挂在身体偏下侧，不能挂在头顶上方。给孩子拍、打、抓、踢的吊饰要挂得更近一些。当孩子不感兴趣时，就要换一个不同的吊饰，把原先那个收起来，而不要全部挂起来，太多便会是干扰。

1. 看

在妈妈的肚子里时，婴儿的生活环境大部分是昏暗的，所以在出生后，他们的视力会得到急速的发展。最初，婴儿的视觉跟踪能力非常有限，如果我们在他们面前移动手指，他们的目光还无法顺利跟上。这段时期，我们要尽量给孩子提供开阔的视觉空间，以此刺激他们视力的健康发展。

不要将他们长时间放入带围栏的空间里，这样会阻碍他们观察周边环境。如果我们将他们放在视线开阔的地方，用心的父母一定能观察到，孩子会努力地往光亮的地方看。

我们放了一盆植物在窗边，出生不久的女儿常出神地盯着随风摇曳的叶子看很久，我们还发现她喜欢看傍晚时灯光的影子。由此得到灵感，我们常常给女儿做手影游戏，也会用手电筒跟她进行光影表演。我们亲手制作了几个可心的吊饰，也从商场购买了几个，从房顶悬挂下来，女儿会饶有兴趣地观察很久，有时还对着吊饰发笑。我们将这些观察都记录下来，可以明显发现，生命中最初的几个月，的确是孩子视力发展的关键期。

黑白吊饰

建议月龄： 2周～2个月。

提示： 最初两个月，婴儿只能看到对比非常鲜明的图案和黑白两色。下图这个吊饰是意大利艺术家布鲁诺·穆纳里（Bruno Munari）专门为婴儿发明的。我们也可以制作更简单的黑白吊饰，比如三只飞燕。吊饰的关键是饰物能够保持平衡，内容真实有趣，足够轻盈，可以随风转动。

三色八面体吊饰

建议月龄：2 个月。

提示：这个阶段，婴儿能够区分有鲜明对比的颜色。这种吊饰展示了明亮的基础色和立体几何图形。婴儿首先看到的是黄色，最后看到蓝色。

渐变式吊饰

建议月龄：2 ～ 3 个月。

提示：这个阶段，婴儿大脑中负责处理色彩信息的视觉区域发育接近成熟，分辨颜色的能力接近成人，这种吊饰展示了颜色由浅至深的逐渐变化。

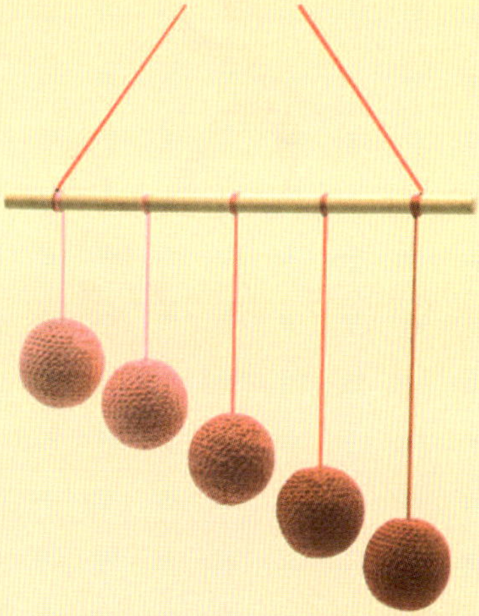

跳舞小人吊饰

建议月龄：3 个月。

提示：制作这种吊饰的材质可以从轻盈的纸片到稍有重量的木头，重量不同，旋转的方式也不同，吊饰的颜色也要逐渐丰富。吊饰的形象可以是抽象的艺术，也可以来自真实的大自然，比如海豚或者蝴蝶吊饰，但不推荐维尼熊或飞翔的大象这类脱离现实生活情境的吊饰。

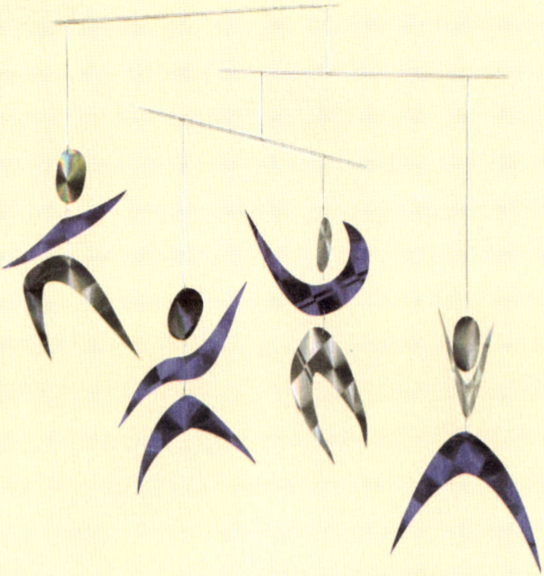

拉环和悬挂铃铛

建议月龄：3个月。

提示：当婴儿开始挥舞着双手试图去抓眼前的吊饰时，就可以给他们提供拉环，然后是悬挂铃铛了。可将这些物品由松紧带连接在天花板上。

脚踢、手抓球

建议月龄：3～4个月。

提示：这个阶段，婴儿喜欢像蹬自行车一样舞动双腿，喜欢用腿夹住上方的球。这个球最好有小突起，易于抓握，婴儿可以用脚将球传到手中。

2. 听和摸

婴儿在妈妈肚子中已经收集了很多关于声音的经验，他们在出生后会对曾经熟悉的声音有所反应。我们在孕期常常听同一首曲子，唱同一首歌，女儿出生后一听到那首曲子或者那首歌，即使头还不能转动，眼睛也会转向声音的来源，变得非常安静和放松。蒙台梭利博士说过：

> 在生命的最初几周，婴儿的听觉系统是发育最迟缓的感官，但婴儿此时又需要靠听觉来捕捉语言中最细微的发音。所以，这时孩子的耳朵不只是作为一个听觉器官在运作，还受到特殊敏感期的引导，从环境中巨细靡遗地捕捉人类说话的声音。这些声音不仅会被收集，还会引起他们声带、舌头、嘴唇等部位肌纤维的反应。一旦发声器官在某个时刻觉醒，他们就能发出那些声音。[33]

我们可以给小婴儿提供各种能制造出声响的玩具，以刺激他们听觉的发展。

婴儿在出生后需要有更多触觉上的体验，对新生儿来说，自己对自己的触碰远不如外界对他们身体的触碰所带来的刺激更敏感。他们喜欢被拥抱、抚摸，因为在妈妈肚子中，一直有羊水紧紧地包围着他们。

很多父母担心新生儿抓伤自己，给新生儿戴上手套，殊不知这样便割断了他们与世界最早的触觉体验，带来的损失要比指甲抓伤脸大得多。蒙台梭利博士曾经在《吸收性心智》一书中写道：“如果儿童不能使用自己的双手，他的心智便停留在很低的水平，不能自控，没有创造力，变得懒惰和伤心……”[34]因此，我们要从一开始就解放孩子的双手，给孩子提供各种材质、各种形状、各种颜色的抓握玩具，以使他们有足够多的练习机会。

音乐盒

建议月龄：2 周～ 2 个月。

提示：孩子刚出生不久，就可以给他们听旋律缓慢轻柔的独奏乐曲，比如音乐盒里的音乐，也可以是 CD 播放的轻音乐或轻声弹奏乐器的声音。

带响声的抓握玩具

建议月龄：2 个月。

提示：当孩子能够有意识地抓握后，就可以陆续给他们提供各种材质天然、重量较轻、声音悦耳的抓握玩具，如小摇铃、小沙锤等。

各种材质的抓握玩具

建议月龄： 2个月。

提示： 这个阶段，婴儿习惯将这些玩具放入口中，所以一定要选择安全无毒的质量合格的产品。玩具的材质尽量多样，比如木质、金属、毛线等，可以给婴儿提供不同的触感体验。

家庭日用品筐

建议月龄： 4～5个月。

提示： 当孩子在活动垫上玩的时候，可以将玩具散放在孩子身边，也可以将它们收纳在一个小筐里，放在他们面前，还可以在竹筐里放一些安全干净的家庭日用品，比如牙刷、小勺等，供孩子触摸、把玩。这个筐里的日用品要经常更换，以保持孩子的兴趣。

语言启蒙

蒙台梭利博士认为，孩子从出生到 6 岁是语言发展的关键期，因此，从孩子出生起，我们就需要了解如何有效帮助孩子发展语言，如何与孩子沟通，这是亲子关系非常重要的一课，越早了解，越能事半功倍。曾有两位心理学家，贝蒂·哈特（Betty Hart）和托德·瑞斯丽（Todd Risley），以美国堪萨斯州的 40 个家庭为跟踪研究对象，发现陪伴者的教养方式对孩子语言发展的影响，要远远超过其教育程度和家庭财力。

那么，什么才是科学的教养方式呢？怎样才能给予孩子的语言发展最大的助力呢？

1. 丰富高频用词

法国育儿专家弗朗索瓦兹·多尔多认为：一切皆语言。虽然孩子在很长一段时间内无法用口语同我们对话，但是他们天生有强烈的交流欲望，而且会通过不同方式达成交流的目的。丽丝·艾略特博士也说：

> 新生儿会选听新字，等到 8 个月大的时候，便能辨认大人读故事时重复念到的字，记忆最久可持续达两周。[35]

我们从孩子出生起，便要习惯多和孩子说话，内容越丰富越好。凡是能吸引孩子的东西或者动作，我们都给它命名，渐渐地可以发展成词组，加上形容词、介词或者副词等，由简到难，只要孩子愿意，可以随时和他们聊天对话，给他们讲身边发生的事情。不要给自己的语言设限，孩子的语言吸收能力往往超出我们的想象。天长日久，随着孩子词汇量的增加，他们能理解的便会越来越多，也就越来越期待在交流中听懂更多内容。

2. 交流对话

和孩子沟通时尽量减少命令语式，多用交流对话的方式。电视机对这个阶段孩子的语言发展是有害无益的。在与孩子说话时，尽量关掉电视和背景音乐。一项研究发现，在人口较少的家庭中长大的孩子，父母会给予他们更多有针对性的语言互动，而这种互动能大大影响孩子未来的语言能力和智力。[36]因此，我们要和孩子对视着交谈，给他们留有回应时间，让婴儿学习轮流的对话方式。

刚开始，女儿只是静静地听我说，后来她就和我一起“说”，最后她终于明白，交流是你一言我一语地沟通。

3. 别纠错

不要纠正孩子的发音，给他们重复一遍正确的发音即可。其实不论是从语言还是从其他方面，我们都不提倡纠错式教育，在孩子牙牙学语的阶段，最需要我们的鼓励，即使是沉默不语，也比被不断地纠正要好得多。

经常听到“不要”“不可以”之类的否定字眼的孩子，语言发展会落后于较少听到否定反馈的孩子。应该尽量加强正面回应，重复孩子发出的音，对孩子的牙牙学语做出积极响应。

在孩子面前时时有意识地控制自己的语言并不是那么容易。

今天蔓蔓突然要画油画，不一会儿突然开始用画笔在凳子上画，忙了一天的我脑袋快“炸”了，“不要画”马上就到了嘴边。幸好有长期的职业训练，我不带情绪地将画笔收起来，说：“看起来你不愿意继续在画纸上画了，那我们收拾吧。你要收拾画纸还是颜料？”

收拾完又和她一起清理了凳子上的颜料。有的她擦不掉，我就去帮忙，并且问她："能不能画在凳子上啊？"她说："不能。"

4. 不要使用宝宝语

小婴儿偏好女性的声音，因为女性声调高而且尖，语调慢、抑扬顿挫，说话清楚。于是很多妈妈不由自主地开始使用宝宝语，比如"喝奶奶""小手手"等。从孩子出生起，我们就应该有意识地注重发音的自然和精确，尽量不要使用宝宝语，不要低估婴幼儿的语言理解和吸收能力，要做好他们口语发展的榜样。

5. 培养亲子阅读习惯

从出生起，就可以与孩子一起阅读绘本，可以将阅读作为每晚睡前的一道程序，这是一个需要长期坚持，且会让孩子终身受益的好习惯。

小月龄的书材质多样，可以是毛茸茸的布书，也可以是漂浮在水上的防水书。孩子出生后最初的两个月，可以准备黑白色的图书或者卡片，之后是色彩对比较为鲜明的图书。书籍每页的字数也是由无变少再变多，从无字，到每页一个词，再到每页一句话。此阶段建议给孩子吟诵有韵律的诗歌，比如《声律启蒙》《唐诗三百首》等。

6. 尝试双语教育

如果从孩子出生起，家庭中的某一人就坚持和他说另一种语言，孩子会毫不费力地习得双语，但是双语启蒙的前提是要在母语足够强势的环境中。

即使我们身在德语环境，但是我自信能给予女儿足够丰富的汉语输入，而爸爸讲英语也很自如，所以从女儿满月后，爸爸就开始坚持每晚给她讲睡前英语故事，三年的双语启蒙实验很成功。

常见商业用品的利弊分析

商家为了取悦父母，发明了很多帮助父母省时省力的育儿用品，我们在此想对这些常见商业用品的利弊进行分析，父母要结合实际情况做出相应取舍。我们推荐使用的商业用品大多是帮助孩子出行的工具，比如婴儿车、汽车安全座椅、自行车安全座椅等。当孩子能够独立行走后，我们就要尽量脱离对这些工具的依赖，让孩子多多走路。

蒙妈说

“我们鼓励父母多带孩子出门，除非天气极端恶劣，尽量每天都要出门，还要多带孩子去农场、动物园等地方接触多种细菌，这样能有效提高孩子的免疫力。”

我们尤其不推荐的两种商业用品，一种是学步车，它不仅大大限制了孩子的运动发展，还会误导孩子习得不正确的走路方式，让孩子没有动力通过自己的力量来走路。过早使用学步车也容易让孩子将其内化成自己身体的一部分，成为他独立行走的最大障碍。

另一种极不推荐的是圆圈围栏，我们反对任何将孩子禁锢起来的工具，包括把孩子围起来玩耍的围栏和带有高高围栏的婴儿床。不论是从身体还是心理的角度，这都是一种囚禁。当孩子开始爬行的时候，他们需要最大的空间来探索和发现，我们完全可以通过房间的布置、准备来将这个活动范围最大化，而围栏围住的空间实在是太小了。

还有其他几种常见用品，常常让家长在选用的时候十分犹豫，比如背巾、背带和奶嘴，下面我们就来分析一下。

1. 背巾和背带

背巾有很多的好处。对于刚出生的婴儿，在背巾里有类似在妈妈肚子里的感觉，会让他们很有安全感，睡得非常踏实，同时又能解放妈妈的双手和身体。法国很多医院都推荐早产儿妈妈使用背巾。但背巾的坏处是容易让妈妈和宝宝过分依赖，不自觉地剥夺了孩子自由活动的机会。

当孩子月龄偏大时，背带就比背巾更方便了。在不方便推婴儿车的情况下，背带是个很好的选择，但是长期使用会对孩子的双腿发育不利。

在此我们的建议是，背巾和背带都可以使用，但是不要忘记使用活动垫！

2. 奶嘴

使用奶嘴在欧美比较普遍，也颇受争议。一项研究显示，早期使用奶嘴会降低新生儿猝死风险，而且有的专家认为，吃奶嘴比吃手危害更小。

但蒙台梭利教学法不建议使用奶嘴，因为过度使用奶嘴会造成孩子语言发育迟缓、牙齿和嘴巴畸形，而且孩子会将奶嘴内化成自己身体的一部分，在精神上过度依赖，越大越难戒。因为对于长期叼着奶嘴的宝宝来说，那已经是他们身体的一部分了。

因此我们的建议是，即便让孩子使用奶嘴，也一定要非常有节制，最好在孩子一岁前戒掉。

关注孩子的精神世界

对小小婴儿来说，出生无疑是他们人生中经历的第一次重大转折。出生之时，他们必须要配合母体的宫缩节奏，往产道移动，最终艰难地从产道出来。“在分娩的过程中，新生儿小小的身体就像是从两块互相挤压的磨石之间穿过。最后，他们带着伤，就像长途跋涉的朝圣者般降临到这个世界。”[37] 出生之后，婴儿从生活了 9 个月的昏暗、潮湿、温暖的水生环境突然降生到一个全然不同的大气环境中，瞬间就要学会呼吸，然后立即被辗转于不同的陌生人手中，进行各种冰冷的监测，不知道过了多久才安稳地回到母亲身边，被熟悉的味道、气息和声音包围。

虽然我们无人记得出生时的感受，但是这一切都会悄悄进入我们的无意识记忆当中，并默默陪伴一生。还有很多剖腹产的宝宝，我们无从想象他们经历了怎样的出生创伤。我们往往都关注妈妈承受了多少，而忽略了宝宝，其实他们更是经历了许多不为人知的苦难，很可能比妈妈都要多。

第一时间与妈妈亲密接触

虽然我们丢失了自己出生时的记忆，但依旧可以去努力理解，并帮助孩子适应这个新世界。越是幼小的孩子，越是需要很长的时间来适应新的环境。理想条件下，孩子一出生就应该即刻被放在母亲胸前，因为在先前的9个月，他们是如此紧密地和母亲连在一起，千辛万苦经过产道出来后，在这个陌生的世界里，他们最需要的就是唯一熟悉的母亲，母亲的心跳、呼吸和声音，对于惊恐中的小婴儿来说，将会是莫大的安抚。

在现有的医疗卫生条件下，即便大多数生产环境实现不了这样人性化的产后服务，我们也要尽最大可能与医生、护士进行产前协商，在产后尽快将宝宝带到母亲身边，这样做也有助于妈妈尽早分泌初乳。

及时满足孩子的真实需求

出生后的前两个月，是母亲和婴儿的共生期，两个生命刚刚从身体上分离，但是他们在精神上还是完全一体的。此时爸爸要创造一切可能的条件，帮助母子二人建立亲密联结。

在最初两个月，我们要逐步了解宝宝哭泣的原因并及时满足他们的需求，这是他们建立安全感、对这个新世界充满信心的源头。希瓦娜·蒙塔纳罗博士曾说：

> 共生期间，如果我们过度反应，婴儿将缺乏要求和接受的经验；反之，如果我们反应不足，或反应不够迅速，将导致婴儿产生负面的印象，认为环境并没有回应他们的要求。要是对新生儿表达的需求缺乏适当的反应，可能会阻碍他们基本信任的建立，对成长中的婴儿来

说，在发展愉快、乐观的安全需求方面，也会造成不良后果。[38]

建立稳定的生活作息

如何培养孩子的安全感，其实我们能做的还有很多。除了及时回应，我们还要给孩子建立稳定的生活作息。孩子房间里四大区域的提前设计和布置就是为了帮助父母避免一开始的忙乱，尽早摸索出合理的日程安排。我们在固定的区域和时间，用固定的方法做固定的事情，婴儿很快便能识别甚至预测要做的事情，他们会无比享受这种看似无聊的安排，因为他们能感觉到安全，好像一切都在掌控中。当婴儿生活规律、内心稳定安全时，好像一般就会很少哭闹。很多“天使宝宝”并不完全是天生的，这跟父母稳定规律的照料息息相关。

我们都知道婴儿不会有有意识的长期记忆，但是他们能够保留简单、短暂的记忆，比如记住妈妈的脸和声音，或者记住某一种特殊的换尿布手法，突然变化就会因不适应而哭闹。婴儿的这些短期记忆有别于真正的记忆，它们只是储存在脑部底层的习惯性行为模式，需要通过重复刺激才能记住。这就是为什么婴幼儿如此喜欢重复精准的照料步骤的原因。

固定的照料者

孩子出生后的头两个月，父母会很辛苦，但是独立料理一切并不是不可能。如果有老人或者月嫂来帮忙料理家务杂事，当然是好事，这样能给父母减轻很多压力，但如果家人分工不明确，大家都一同来照顾小宝宝，往往会让养育难度翻倍。婴儿需要安全感，而安全感很大一部分来自固定的照料者，不同人的照料方式肯定千差万别，敏感的婴儿当然能觉察到。最初的相互适应和磨合对建立规律的作息和良好的亲子关系影响重大。吃喝拉撒睡，父母都尽量要用科学的方法亲力亲为，这样孩子才会越来越好带。经过最初两个月的历练，新手父母常常能以最快的速度蜕变为成熟自如的父母。

多样适量的感官体验

读到这里，你是否感觉婴儿就是个软绵绵的需要我们精心伺候的小不点儿？看来我们要把他们紧紧地裹起来，避免让他们受到任何伤害。

哦不，他们才不是只知道吃奶和睡觉的一无所知的小动物呢，小小的婴儿在适应了这个新世界后，很快就会有各种各样的精神需求，他们渴望各种感官体验，他们想看、想听、想闻、想摸……我们的确需要密切观察婴儿的反应，给他们酌量增加有益的刺激，不能太多，也不能太少。

婴儿刚出生的前5个月对新手父母的体力挑战最大，而后，挑战我们的就不只是体力了！

蒙氏爸妈私家设计图纸

注：左上角为活动区，右上角为进餐区，左下角为护理区，右下角为睡眠区。

第6章

5～12个月，手把手带你在家实践蒙氏教育

蒙氏爸妈私家设计图纸

注：左上角为活动区，右上角为阅读区，左下角为护理区，右下角为睡眠区。

蒙氏宝宝成长观察手记

5个月

大动作	● 能在活动垫上左右转动身体 ● 从躺着能翻过来，到会连续翻身 ● 开始尝试向前移动，但是无法成功
手眼协调	● 眼睛会跟随爸爸妈妈的身影在房间内移动 ● 能更准确地伸手够到一个东西，而且能牢牢地将这个东西握在手里 ● 能用整个手掌抓住吃辅食的勺子并将其放进嘴里，然后不自主地松开手掌
语言	● 能发出更多不同的音节 ● 大人说话的时候她也说，大人说完她也会咿咿呀呀地回应 ● 会观察和模仿妈妈的各种表情和动作 ● 会模仿听到的不同声音 ● 高兴的时候会发出抑扬顿挫的“a”的音调
认知	● 会寻找刚刚还在手里的东西 ● 积极地探索周围环境，对距离自己一米左右的物品最感兴趣 ● 手里拿着一个东西的时候，如果突然发现另一个吸引她的物品，会立马放开手里的东西去抓另一个
社交	● 正式添加辅食 ● 能自己玩一小会儿 ● 到了新的环境会很好奇地观察 ● 别人从她手里拿东西时，会有一定的反抗 ● 有陌生人在场时会比较腼腆 ● 当妈妈不在视线范围内时，有时会大喊大叫 ● 如果不把她看到的辅食送到嘴里，会生气地大哭

6 个月

大动作	● 后背有支撑时可以坐很久 ● 能够原地打转 ● 能自如地翻身 ● 后脚有轻微支撑时，可以匍匐前进一段距离
手眼协调	● 喜欢先放开玩具再抓起来玩，然后再放开，再抓起，不断重复 ● 会观察自己的手，然后模仿爸爸妈妈将手张开再合上，不断重复 ● 开始用手指捏着食物放到嘴里吃，大多数时候用 4 个手指捏，有时用 3 个
语言	● 大人说话的时候她会听，然后开始咿咿呀呀的，好似在对话 ● 高兴的时候笑，咿咿呀呀地说个不停 ● 听到音乐时她会很专注地看向声音的来源，同时双手飞舞
认知	● 注意力会从一个物体转移到另一个物体上，然后再转回去，感觉像在比较这两个物体 ● 好像能理解“不”的含义 ● 如果房间有两扇门，当大人从一扇门离开时，她会带着期望的表情看向另一扇门
社交	● 看到陌生人会很紧张，面对某些陌生男性时会哭 ● 看到和妈妈穿着一样颜色的衣服的女性的脸时，会突然大哭 ● 听到熟悉的音乐会停止哭泣 ● 听到有人叫她的名字会抬头看

7个月

大动作	● 开始能够独立坐 ● 开始匍匐前进，在房间四处探索 ● 大人架着她的胳膊时，两腿能支撑起她身体的重量 ● 躺着的时候喜欢吸吮自己的脚趾
手眼协调	● 通过拍打、摇晃等各种方式来探索同一种玩具 ● 能紧紧地握着玩具，更少松手 ● 常用三个手指捏取细小的东西，偶尔能用两个手指 ● 开始模仿妈妈拍手 ● 会接过勺子，将勺子里的食物往嘴里送 ● 会持续地将卫生纸撕成一堆小块儿
语言	● 大人让她看什么时，她会转过头去看 ● 喜欢听爸爸妈妈唱歌，听的时候，嘴里还咿咿呀呀的 ● 会很专心地听一会儿播放的或演奏的音乐 ● 好像能听出妈妈说话的语气，是生气还是高兴 ● 能发出很多类似“a”“e”“u”“o”的元音和类似“b”“p”“f”“v”“z”“k”“g”的辅音 ● 能发出“爸爸”“妈妈”“娃娃”的音，但并不理解其含义 ● 会观察与她说话的人的嘴型
认知	● 即使几天没看见熟悉的家庭成员，还是能认出来 ● 当一个物体在她眼前消失时，会开始寻找 ● 喜欢将一块毛巾盖在脸上，然后拿下来看着妈妈笑，不断重复这个动作 ● 喜欢摇晃一些听觉玩具，让它们发出声响 ● 意识到自己可以移动物体 ● 会自己看很长时间的书，看的时候嘴里还咿咿呀呀的 ● 看到镜子里的人对她笑，她也会对镜子里的人笑，然后转过头看着背后的那个人笑 ● 会观察照射进屋子里的阳光，伸手造出影子

续表

社交	● 如果拿走她正在探索的物品，她会反抗 ● 听到周围人对她的赞美会很开心 ● 无聊的时候，会通过各种方式吸引爸爸妈妈的注意 ● 非常享受规律的作息 ● 因为饿而哭泣的时候，看到妈妈在准备奶或食物，或者听到妈妈说“马上来了”，就会安静地等待 ● 正在哭的时候，如果爸爸妈妈冲她笑，她会停止哭泣，对着爸爸妈妈笑，然后继续哭 ● 当陌生人冲她笑时，她也会笑。如果陌生人抱她，她会安静得一动不动 ● 有些陌生男性想要抱她的时候，她会害怕得哭

8个月

大动作	● 能够腹部离地爬行 ● 能往前爬也能往后爬 ● 能用手拉动椅子或者纸箱 ● 开始能爬上、爬下落地床
手眼协调	● 喜欢拍手，喜欢用手拍打各种物品 ● 能够使用两个手指捏起一个小物件 ● 喜欢往小孔里插食指 ● 开始偶尔地转动手腕 ● 抓握物品的时候，拇指开始和另外四指相对 ● 坐在餐椅上时喜欢往下扔东西 ● 开始尝试用玩具上的绳子牵拉玩具

续表

语言	● 喜欢模仿妈妈发出的声音，大多是母语，即汉语中的音 ● 重复地发同一个音 ● 通过喊叫来吸引爸爸妈妈的注意 ● 长时间观察大人的嘴型
认知	● 能认出几个星期不见的玩具 ● 能注意到很小的细节，比如地上的头发或者一道阳光 ● 会同时玩两三个玩具，对新的玩具很感兴趣 ● 会发现同一个玩具的不同玩法 ● 如果将东西藏在被子下面，她会掀开被子把东西找出来 ● 偶尔能将白天的两小觉并成一大觉
社交	● 有很多人在的时候，会很快地爬到妈妈身边 ● 不认识的人抱她，她会很害羞，甚至反抗 ● 会对着镜子里的自己微笑和说话，也喜欢看家庭成员的照片 ● 有其他宝宝在场时，即使他们之间没有互动，她也显得很开心 ● 能通过表情、声音或者动作来回答一个简单的问题

9 个月

大动作	● 爬得越来越快 ● 可以轻松爬上矮床或者矮台阶 ● 有时会跪着，偶尔可以扶着大人或工具站起来。爸爸妈妈扶她站立的时候，会尝试往前迈一步
手眼协调	● 经常使用两指抓握，可以轻松拿起一颗葡萄 ● 经常用食指指着感兴趣的物体或者书上的内容 ● 能够用两手抓不同的东西，然后相碰弄出响声

续表

语言	● 能重复地发出很多不带含义的双音节 ● 能听懂一些简单指令 ● 开始模仿一些动物的叫声
认知	● 非常喜欢玩捉迷藏游戏，在各个地方爬着找爸爸 ● 开始害怕一些动物，一些动物突然接近时，她会吓得哭起来 ● 假装要把手里的物品给别人，当别人伸出手拿时，她又拿走 ● 有人伸手向她要手里的物品时，她会将其放到爸爸妈妈手里 ● 可以打开妈妈的包，将里面的物品一件件拿出来 ● 可以模仿爸爸妈妈的很多动作 ● 听到音乐的时候，会挥舞手臂 ● 非常喜欢抚摸不同材质的物品 ● 能明白动作之间的联系，比如拉拽毯子时，上面的玩具就会跟着被拉过来
社交	● 遇到其他孩子时，先是观察，熟悉之后会去拿对方手里的玩具；当对方过来拿她手里的玩具时，她会保护玩具不被拿走 ● 遇到同龄的孩子，有时候会过去摸 ● 当爸爸妈妈为她的某个行为鼓掌时，她会更多地重复这个能吸引注意的行为 ● 看到夸张有趣的表情会哈哈大笑

10个月

大动作	● 尝试爬到更高的地方 ● 经常扶着沙发或者椅子站起来，但是不会蹲下，喜欢站着看周围的环境 ● 开始能扶着东西走 ● 可以通过移动臀部来移动身体

续表

手眼协调	● 可以把一个球扔进盒子的洞里，然后从另一个洞的洞口找到。喜欢不断重复这个活动 ● 喜欢探索所有的抽屉、盒子、柜子等 ● 一只手可以抓两个小物品 ● 爱用左手 ● 妈妈用手指天上的飞机或者小鸟时，她会看到
语言	● 喜欢实物指认游戏 ● 能听懂妈妈的很多话，然后做出回应 ● 开始说出一两个发音还不是非常清晰的词，也理解词的意思 ● 会模仿大人，在出门之前说“拜拜” ● 可以模仿爸爸，说出英语单词“Duck”（鸭子） ● 听到熟悉的音乐会以更有节奏的动作配合
认知	● 玩完玩具可以用胳膊肘支地爬着将其放回原处 ● 开始喜欢玩最简单的拼图 ● 可以很长时间专注地听故事 ● 知道镜子里的人是她自己 ● 喜欢模仿妈妈擦桌子、擤鼻涕、写字等动作 ● 有时会害怕能够移动且能发出声响的东西，比如遥控汽车 ● 喜欢玩各种乐器
社交	● 能模仿其他孩子的很多动作 ● 会在一群孩子里认出熟悉的小朋友，把自己的玩具拿给小朋友 ● 看到别的孩子会去抚摸，甚至拍打。她还意识不到这些动作带给别人的影响 ● 爸爸妈妈和她互动的时候，会非常开心地哈哈大笑 ● 每次去一个新的环境，都需要观察很长时间才开始探索 ● 开始对妈妈做出一些亲昵的动作 ● 可以自己玩更长时间 ● 给她讲故事的时候会主动蜷缩在爸爸妈妈怀里

11个月

大动作	● 可以爬上比较矮的沙发或者桌子，但是还不会转身下来 ● 可以扶着工具走，然后屈膝蹲下来 ● 可以弯下腰捡地上的东西
手眼协调	● 可以将大环套在柱子上 ● 尝试开关瓶盖。对瓶子里的东西感兴趣，喜欢晃动瓶子听声音 ● 可以打开和关上一些简单的安全锁 ● 爸爸妈妈坐在她身边时，她会翻书页 ● 能自己拿起杯子喝水，大人稍微帮助一下就不会全部洒出来
语言	● 会咿咿呀呀地说很多，但是大人听不懂 ● 会花很长时间探索各种乐器，一件件地弄出声响
认知	● 能专注地完成一分钟以上的工作 ● 经常扔手里的物件 ● 向她要一件物品时，她会找到并拿到大人手上 ● 对动物非常感兴趣 ● 会将一个名称联系到不同的地方，比如猫，她会指书上的猫，然后指墙上的猫、画报上的猫 ● 看完书会将其放回原位
社交	● 需要某个物品的时候，她会冲爸爸妈妈发出“嗯嗯”的声音，然后将爸爸妈妈的手放在对应的物品上 ● 当阻止她干某件事时，她会发怒 ● 情绪变化非常快 ● 给她穿衣服时，她会配合地将胳膊伸开 ● 会模仿其他孩子的动作，观察别的孩子，但大部分时间没有互动 ● 会抢走别的孩子手里她感兴趣的玩具 ● 面对陌生人会比之前放松，也会微笑。面对某些男性还是会比较紧张，拒绝肢体接触

12个月

大动作	● 能扶着推车走一段路 ● 开始能摇摇晃晃地独立走几步 ● 能更轻松地爬上几个台阶 ● 能更轻松地从站着到坐下
手眼协调	● 开始尝试使用勺子舀食物 ● 可以完成简单的形状拼图 ● 可以用蜡笔画出痕迹 ● 使用左手更多
语言	● 能模仿很多动物的声音 ● 可以说出五六个有意义的词汇 ● 能听懂很多指令，并做出回应
认知	● 能做出联系动作的指令，比如挥手“拜拜” ● 需要的睡眠更少，有时能持续醒着 11 个小时 ● 喜欢玩水、倒水
社交	● 喜欢和爸爸妈妈一起玩所有的游戏 ● 对爸爸妈妈表现出浓浓的爱意 ● 不情愿的时候会拒绝和生气 ● 更倾向于和女孩子一起玩 ● 愿意和一样大或者更大一点的孩子玩 ● 对自己更有自信，偶尔受挫会非常生气

进餐区环境设计精髓

最初 5 个月，孩子的所有食物几乎都来自妈妈，而 5 个月之后，大人就要进入循序渐进地给孩子添加辅食的阶段，直至孩子完全断奶。

科学添加辅食的具体操作过程，我们参考了国际蒙台梭利协会 0 ～ 3 岁的培训内容，以及婴儿主导的添加辅食方法（baby leading weaning）[①]。

观察信号，及时添加辅食

五六个月正是孩子的辅食添加敏感期，如果开始太晚，孩子有可能会拒绝尝试不同种类的食物，断奶历程会更加困难。经过了之前的辅食添加准备，

① 这种方法有助于适合月龄段孩子的口腔肌肉发展，同时还能让吃饭成为积极互动式的体验。这种方法允许婴儿从添加辅食起就自主进食。

到五六个月时，孩子会出现一系列添加辅食的信号，其中最明显的一个信号就是当看到大人吃东西的时候，他会表现出强烈的兴趣，甚至流口水，有时还会伸出手来抢食物。

这个阶段的孩子开始能倚靠着坐一小会儿了，他们的口腔里开始分泌消化酶，体内开始缺铁，不少孩子也开始长牙了，此时母乳已经不能完全满足孩子的成长需求，大人要尽快给孩子添加第一顿辅食了。

第一顿辅食，吃出仪式感

第一顿辅食对婴儿意义非凡，这是走向独立的关键一步，我们对此的重视程度应不亚于周岁生日，要精心准备，让孩子感觉到开始吃辅食是值得庆祝和骄傲的事情。

我们在女儿房间先前的喂养区布置了辅食小桌和小椅子，为了防止她坐在上面下滑，我们在椅子周围固定了靠垫。我们还为此准备了漂亮的桌布和鲜花，准备了不锈钢小勺子、小叉子，陶瓷的小盘子、小碗，以及玻璃的小杯子，我还亲手制作了第一套餐具配件，包括餐垫、围嘴、餐巾和收纳布兜。我们不推荐色彩绚丽、带有卡通图案的餐具。

还要准备一个小凳子，也可以用沙发脚凳替代，大人坐在辅食桌对面，用一个勺子喂孩子吃。孩子也有自己的勺子，但刚开始主要还是由大人喂。大人可以只将勺子送到孩子嘴边，由他自己张开嘴巴凑近勺子将食物吃下去，如果小盘子里的食物吃完了，我们再从大碗里盛出一点放到盘子里，直到他不愿意继续吃。尽可能地给孩子自主吃饭的感觉和机会。

手指食物，帮助婴儿自主进食

女儿7个月大时，我们将食物切成手指大小的形状，蒸好后直接放到小盘子里。我们主要喂一些液体类，大部分固体食物都开始由孩子自己抓着吃。

我们的女儿非常喜欢抓着吃手指食物，她自己决定吃什么、吃多少，我们相信她饿了就会吃，一旦开始玩儿食物，就是吃饱的信号，就会把她从餐椅上放下来。

刚开始，孩子可能要花很大的力气、很长的时间才能捏起一小块食物，同时清洁工作也很繁重，但是如果此时为了大人方便，剥夺了孩子自主学习吃饭的机会，那我们日后将会年复一年地像喂一个婴儿一样喂一个大龄而不再愿意自己吃饭的孩子。蒙台梭利博士说：

> 妈妈们形成了自己的一些育儿观念，这是最值得表扬的，例如对清洁卫生的注意。但是在这种情况下，清洁卫生倒不是那么重要了：孩子刚开始学着自己吃饭的时候还不太懂得握汤匙、拿筷子，肯定会弄脏自己。妈妈可以暂时不考虑干净不干净的问题，先满足孩子自己动手的合理冲动；随着孩子的发展，他们的动作更加纯熟，就再也不会把自己弄得脏兮兮的了。吃东西时能够保持整洁，代表孩子在发展上的实质进步，也是孩子精神发展上的巨大成功。[39]

多接触食物种类，降低未来过敏风险

每顿辅食都要尽量做到营养均衡，要包含足够量的谷物、一定量的肉或者蛋、一定量的蔬菜、水果和水。每种食材的添加既要小心谨慎，又不能太拖沓、滞后。

美国几个研究团队共同开发了一个研究花生过敏的项目 LEPA（Learning Early about Peanut Allergy），他们在实验中得出，早期为婴儿提供含花生成分的食品，能显著降低孩子日后发生花生类食物过敏的风险。此研究结果发表在 2015 年的《新英格兰医学杂志》（*New England Journal of Medicine*）上。2017 年，25 个专业研究机构，包括美国国立卫生研究院过敏及感染性疾病研究所，都再次共同验证了此研究结果，并提出了针对预防花生类食物过敏的指南。[40]

最新科学研究颠覆了传统认为的在辅食添加过程中要尽量回避易过敏食材的看法。因此我们在为女儿添加辅食的过程中，经常大胆尝试、小心观察，希望她尽早多接触食物种类，以降低未来的过敏风险，同时预防未来的挑食、厌食等不良习惯。

循序渐进断奶，一日三餐与全家同步

食物种类要多样化，添加过程也要循序渐进，由稀到稠、由软到硬。食材要尽量保留原样，避免过度加工。

刚开始，我们每日只给女儿添加一顿午餐，等一切进行顺利后，我们再给她添加第二餐。等到给孩子尝试了更多种类的谷物和蔬菜水果后，就可以将他移至带桌板的餐椅上，和爸爸妈妈在餐厅一起享用早餐，感受全家人一起吃饭的快乐。一切顺利的话，很快就能给孩子添加晚餐，这时孩子基本上能和全家同步进行一日三餐了。不过每餐之后还要给孩子提供母乳或者奶粉，保证孩子吃饱。卧室的辅食桌椅也可移至餐桌旁边，供孩子在三餐之外吃小餐点用。

女儿 9 个月左右时，我们开始给她提供两餐间的小餐点，上午一次、下午一次。一个人的小餐点时间可以在辅食桌上进行。晚餐时，如果一大家子吃得太晚，容易让孩子过于兴奋而不易入睡，我们建议晚餐也由父母中的一人陪伴孩子在辅食小桌上进行。

孩子的一日三餐可以和全家人同步进行后，母乳或者奶粉大多就只有早晚两顿了。之后大人可以在适当机会给孩子取消睡前奶，循序渐进直至孩子完全断奶。

睡眠区环境设计精髓

这个阶段仍然推荐落地床。落地床给我们家带来了太多惊喜，我们常常都不知道小家伙是何时醒来的，进屋去看她的时候，总能发现她正躺在那儿看书或者玩玩具呢。有了落地床之后，我们夫妻似乎有了更多的二人世界，因为大多时候，女儿都能自己安稳地睡一整夜觉了。而市面上常见的婴儿床都大大限制了这个年龄段孩子的人身自由，还会带来不小的危险。

一个朋友刚从国内回到德国，跟我讲了飞行前一天的事。这位妈妈受我影响，一直让孩子睡矮床，可是回国后环境发生了变化，偶尔就让女儿睡了下大床，谁知道就掉了下来。孩子上吐下泻各种症状，去拍 CT，还好没大碍，能勉强飞行。

我身边不止一个家庭有过孩子从床上摔下来的经历，我小时候也摔过。女儿有次看图片书，指着一张图问我是什么。我说：“婴儿床”。

她很困惑地看着这个从来没见过的床，我说：“很多小朋友睡的床和你的不一样。你的床可以自己上下，可是这样的床要大人抱才能出来。你喜欢这个床吗？”

女儿坚定地说：“不喜欢！”

把孩子“囚禁”在婴儿床里并不是没有风险的，爱动的孩子可能会自己从栏杆上爬下来，或者导致脑袋、胳膊被栏杆卡住。关键是如果孩子可以自己选择，没有孩子会喜欢被锁在这样的栏杆床里。

如果家庭条件不允许，也可以继续使用矮床，同时准备一个过渡装置，帮助孩子安全、自由地上下即可。不要将床靠在比较冷的墙边，也不要放在通风口、暖气边，以及太阳直射的地方。

前一个月龄阶段，我们谈到过规律的生活节奏能够给予孩子极大的安全感，白天父母给予孩子足够的关注和互动也是他安全感的来源。不过对于很多全职父母或者家有二孩的父母来说，这有点为难，但是一切尽力就好，即使时间不多，父母也要全身心地投入到与孩子相处的幸福时光中，不要一边看着孩子一边玩手机。

如果白天得不到足够的爱和关注，孩子到了晚上就容易哭闹，反反复复地醒来。这样的孩子更无法忍受分离，还有可能会做被遗弃的噩梦。给予孩子足够的爱和安全感，让他知道不管什么时候，照顾他的人总在那里，不只是身体在那里，而且是全身心地在陪伴他。白天给予的这种全身心的关注和爱越多，晚上孩子就睡得越放松、越平静。

有时候生活中偶尔的变化，比如去爷爷奶奶家睡觉，也要注意不要让孩子晚上玩得过于兴奋，不要因为偶尔的例外在睡前和孩子看电视或电脑视频，这些都会严重干扰孩子的睡眠。睡前应尽量给孩子创造平静温暖的家庭氛围。父母睡前吵架当然也会造成孩子的睡眠障碍。

将近一周岁的宝宝已经不需要睡上午觉了，但是午睡也尽量不要太晚，否则会影响晚上的睡眠。

护理区环境设计精髓

及时弃用换洗台

换洗台事故大多发生在 5 ～ 12 这个月龄段，所以要特别注意换洗时的安全。我们准备了一些女儿喜欢的玩具，只有在她换洗的时候才拿出来，以吸

引她的注意力。

当孩子能够坐甚至站立后，就不再愿意乖乖躺下换尿布了，这时可以准备一把高低合适、稳固的小椅子，父母给予适当帮助，孩子就可以坐在小椅子上学习简单更换衣服和拉拉裤了。我们也可以试着让孩子扶着小椅子帮他擦屁股。小椅子旁边还要放一个脏衣篓，和一个垃圾桶。

有限制地自主选择衣物

在衣柜最下层的抽屉里放上干净的小内裤或者拉拉裤，孩子可以爬行到那里自己打开抽屉去取。孩子将满一周岁的时候，可以在这个抽屉里准备上衣两三件、裤子两三条、袜子两三双、内裤两三条。父母可以鼓励孩子从中选择，自己搭配。

把洗澡当作游戏

对上班族父母来说，平时陪伴孩子的时间不足，洗澡便是很重要的亲子时间，需要父母全身心投入。给孩子脱衣服、洗完澡穿睡衣都不应该急躁，要慢下来。洗澡不仅是为了清洁，也是睡前放松的一种方法。戏水可以帮助孩子增加对自己身体意象的感知，进而意识到自身的存在。

很多父母认为给孩子洗澡是件很有挑战性的事儿，随着月龄的增长，这个挑战的难度也越来越大。因为随着孩子活动量的增大，洗澡会更加频繁，而且之前很喜欢洗澡的孩子，也可能突然开始抗拒洗澡。

因此从一开始，将洗澡当作游戏就非常重要了，这样他才会慢慢地接受将头和耳朵浸入水里，将来学习游泳的时候才不会太恐惧。

可以这样做

怎样才能让孩子把洗澡当作游戏呢？我们的建议是：

1. 父母自己开发出能激发孩子兴趣的洗澡池游戏，如将细细的水流浇到孩子的头上、脸上。
2. 准备各种有趣的洗澡用品和玩具，如孩子喜欢的洗发水瓶，用完之后也可以成为洗澡玩具。

父母要引导孩子做好洗澡用品和玩具的分类和收纳工作。等孩子快满一岁的时候，他们可能会喜欢自己取用洗发水、沐浴露等，我们可以为他们准备几个小瓶子，瓶里每次只放一点点洗发水或沐浴露，这样就可以放心地交给孩子独立使用了。

独立的洗漱环境

孩子们都喜欢玩水，也喜欢无止境地洗手。我们可以在浴室为孩子设计一个方便独立洗手的环境。

准备一个小梯凳，这样孩子能直接和大人共用洗手池。也可以为孩子准备一个低矮的洗手池，在这个洗手池边，应该有一面高度合适的镜子，以及方便孩子够取的香皂、毛巾、梳子、头饰、牙刷、杯子等。

活动区环境设计精髓

5～12 个月是婴幼儿大动作集中发展的阶段，因此房间的布局，尤其是活动区的设计，也应处于动态变化的过程中。

当婴儿开始能够倚靠着坐立时，我们就要在活动垫的角落准备两个硬质的 V 形枕头。当婴儿能够长时间独立坐立时，我们就可以撤掉这些辅助坐立的枕头了。当婴儿开始爬行，活动范围逐渐超出活动垫时，我们既要撤掉活动垫，同时又要将家里面他能到达的地方都仔细检查一遍，做好安全防范工作。我们可以像孩子一样爬着观察这个房间，清理各种可能的危险和障碍，比如插座、电线、窗户等，并巧妙地布置一些有趣的探索环境，准备一些有意思的玩具。

建议父母尽可能为孩子提供丰富的爬行活动空间，不要仅仅局限在一个房间甚至一个角落里。蒙台梭利教育专家蒂姆·赛汀（TimSeldin）曾经说过：

在孩子的眼中，这个世界时刻充满了神奇而好玩的东西等待着他去探索和发现。那些装在盒子里的、抽屉里的会不会是宝贝？快让我来看一看。

我们最好允许孩子打开他能够得着的柜门和抽屉，提前将里面不宜让孩子探索的物品转移，放一些安全的生活用品或者玩具。这些将会是孩子最感兴趣的探索目标。蒙台梭利博士说过：

> 精彩的是，人类的运动能力并不像其他动物那样早早地被固定和限制，他能选择学习什么运动。有一些动物拥有特别天赋，比如攀爬、奔跑、游泳，但是人类没有。人类拥有的唯一天赋就是他能学习所有动作，而且比动物做得更好！ 但是这种潜力需要通过努力获得，需要不停地重复，不断地练习。在这个过程中，肌肉开始变得协调，因为神经连接会无意识地自发 地达到和谐的状态。[41]

请注意，本章所讲的全部活动，其推荐月龄都只能作为参考，实际生活中还要以父母观察到的自己孩子的个体情况为标准。

室内运动

这个阶段，孩子的大动作连锁爆发，下面推荐一些辅助大动作发展的器具和玩具。

滑行

建议月龄： 5～7个月。

提示： 可以用陀螺、葫芦、滚动很慢的球、带有铃铛或者小球的圆柱等作为辅助孩子练习滑行的工具。

坐

建议月龄： 6个月。

提示： 当孩子可以从趴到躺，也可以从躺到趴地翻身后，就可以让他尝试坐，但刚开始时间不宜过长。如果孩子坐不住，就不要强行让他坐。用两个硬质的枕头摆成“V”字形，但是不要用哺乳枕，因为哺乳枕太软也太矮。

爬

建议月龄： 7～8个月。

提示： 将引导爬行的小玩具放在孩子面前，我们可以在孩子身边做爬行的示范。孩子开始爬行后，我们可以鼓励他们先尝试爬上或者爬下落地床，继而尝试爬较低的台阶。引导爬行的小玩具可以是滚动很慢的各种球、陀螺、葫芦、带有铃铛或者小球的圆柱及任何能吸引孩子的、可以缓慢滚动的安全物品。

站

建议月龄：8～10个月。

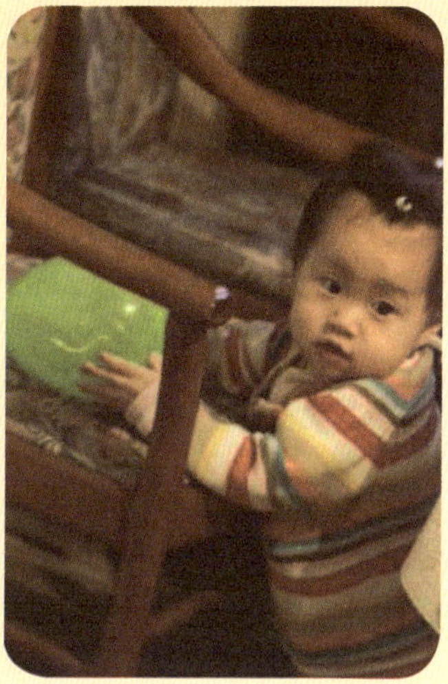

提示：耐心等待孩子自发地站起来。可以在玩具柜的墙上挂一些吸引孩子的画。如果孩子不会自己坐下，就需要我们在一旁示范。辅助站立的器具可以是墙上高度合适的横杆、沙发脚凳，以及高度合适且稳固的桌子、椅子、柜子、沙发等。

走

建议月龄：10～12个月。

提示：在孩子刚开始扶着走路的时候，大人要尽量避免用手牵着孩子走，鼓励孩子扶着沙发、桌子、稳固的椅子或推着加重小推车学习走路。

益智玩具

蒙台梭利博士认为，手是智慧的工具。因此，能够辅助手眼协调的教具才是孩子真正的益智玩具。如果我们能在细致观察婴儿的精细动作能力后给他们准备好合适的玩具，他们就会沉浸其中一遍遍地反复练习，这时他们的专注和沉稳一定会超乎你的想象，手眼协调能力当然也会得到更快的发展。

当孩子的手部精细动作发展到能轻松驾驭一种玩具的程度时，孩子便不再对这种玩具保持更久的兴趣，而转向探索下一个更复杂的玩具的挑战了。因此父母准备什么玩具非常重要，只有在对的时间出现对的玩具，才能真正辅助孩子手部精细动作的发展，提高孩子的专注能力和自信。

扫描二维码，
看看为何蒙氏宝宝更专注?

我们不需要购买蒙台梭利标准教具，父母可以改装已有的玩具或者用纸盒等废旧材料自制玩具，或者选择性地购买一两件同样具有辅助功能的玩具。

拍

建议月龄： 5 个月。

提示： 当婴儿开始坐时，可以在他面前摆放一个能够吸附在地面上的拍打玩具。

放

建议月龄： 7～9 个月。

提示： 可以让孩子一只手握着杯子，另一只手握着小球，然后将小球放进杯子里，以此练习双手的配合。

插

建议月龄： 12 个月。

提示： 我们示范的时候可使用 5 个手指抓握，然后观察孩子使用几个手指。

物体恒存盒

建议月龄：8 个月。

提示：球放进洞里消失了，一会儿又从另一个洞里出来了。孩子看到这一过程就会慢慢理解“看不见的物体也是存在的”这个道理，即物体恒存在的概念。

抽屉式物体恒存盒

建议月龄：9 ～ 11 个月。

提示：孩子很喜欢开关抽屉，可以给他们示范打开抽屉找到消失的球。

大圈套环

建议月龄： 8 个月。

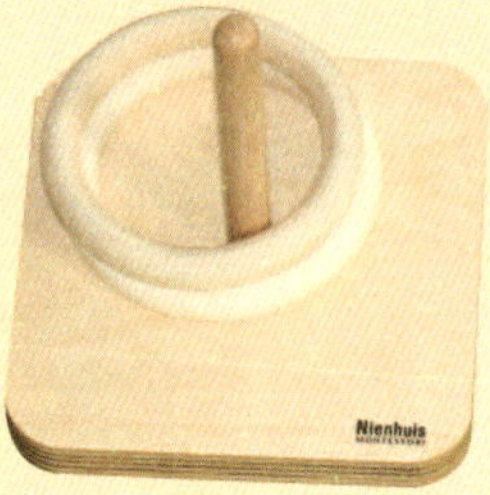

提示： 套环玩具的环可以是金属的或者竹子的，也可以是木头的。

小圈套环

建议月龄： 11 个月。

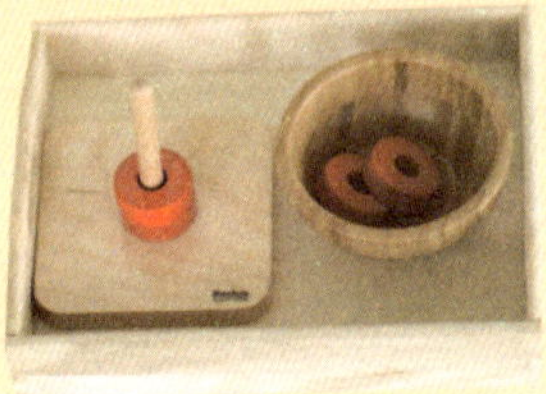

提示： 每种套环玩具的环可以是逐渐变小的，也可以是尺寸一样的。

拧

建议月龄： 12 个月。

提示： 可以在五金店选购比较容易拧的螺丝、螺母，但是金属材质的螺丝、螺母要比木头材质的螺丝、螺母操作难度更大。

开关

建议月龄： 12 个月。

提示： 可以找来家里各种小盒子、小瓶子、小钱包和比较容易开关的锁，放到小筐里让孩子练习开关，并且定期更换。

追踪视物轨道

建议月龄： 9 个月。

提示： 这个玩具可以锻炼孩子眼睛快速追踪移动物体的能力，有益于提升孩子将来的阅读能力和平衡能力。

语言启蒙

语言发展需要4个必要条件：健康的听觉器官、健康的发音器官、语言环境以及说话的意愿。这4个条件缺一不可，其中前两条是基因决定的，只有后两条是父母可以施加影响的，且影响力非常之大。研究发现，父母在语言启蒙方面给孩子以科学的教养，其影响会一直持续到小学阶段。早期的语言能力甚至可以预测孩子小学时的智力水平和学习成绩。[42]

对父母来说，最简单也是最有效的语言启蒙方法就是亲子阅读。亲子阅读时间的长短会对孩子语言发展的快慢造成很大的影响。1～5岁孩子的平均阅读时长将直接决定他们未来的词汇量。

1. 设置一个阅读角

如果孩子断奶进程顺利的话，我们就可以给他准备一个阅读角了。原先喂养区的哺乳沙发用于喂奶的机会越来越少，便可以改作亲子共读的沙发。我们可以将这个靠窗的角落改成阅读角。

布置一个小型的书架，不要同时陈列太多书，还要注意定期更换。书架上可以保留孩子最喜欢的两本书，再放一两本韵律诗歌。如果有一个迷你小沙发就更好了，孩子会逐渐习惯自己坐在小沙发上看书。

2. 精心选择绘本

首先，绘本要尽量符合孩子的年龄认知，可以比我们预估的稍微高出一点。父母需要通过细致观察了解孩子的语言理解和认知能力，进而为孩子挑选符合他们认知水平的绘本。

其次，故事要有不太紧张的过程，以及圆满的结局。太过紧张甚至恐怖的情节容易引起孩子的焦虑和恐惧。

最后，绘本要有艺术美感，精致童趣的同时也要尽量基于现实。在生命最初的三年里，孩子是渴望认识、了解周边世界的。流行的童话、传说、故事多是为了取悦大人，虚幻的故事远不如描述现实世界的故事更能帮助幼龄儿童提高认知能力，或许还会给他们带来不少的困惑。

我们推荐那些讲述其他孩子的故事，因为孩子们往往都对其他小孩的生活很感兴趣。还推荐带孩子认识动物的故事书，因为孩子们在真实世界里看到的动物是不会说话的，但是绘本里的动物却和人一样行走和生活，实在是矛盾呀，什么是真的、什么是假的呢？喜欢思考的小脑袋一定早已打了很多的问号。另外，我们还推荐一些介绍动植物生活习性的图片百科书。

最近蔓蔓开始理解真假了，也许她早就理解了，只是刚学会用语言表达。

孩子在6岁前，尤其是3岁前，是分不清真实和虚幻的。我尽量给她讲贴近现实的故事，帮助她发展认知能力，当然大部分绘本的拟人想象都很普遍，我也不排斥，发现她有困惑时，就会直接告诉她这是假的。

久而久之，她会说："这不是真的鸭子，这是假的人，我假装开车……"

3. 亲子共读注意事项

亲子共读时不要只是干巴巴地去念书上的文字，我们要跟随孩子的兴趣，他们关注哪里，手指向哪里，我们就自然地去聊哪里。孩子们往往对画面上的微小细节感兴趣，不过阅读和口语交流有根本的不同，阅读输入的是书面语，因此即使父母发挥创造力，也尽量要用书面语的形式来改编和精简绘本文字。

我们还要用正常的语调和语速绘声绘色地阅读，这能极大地引起孩子继续读下去和反复阅读的兴趣。每次读完故事，我们就自然地翻到第一页重新开始讲，等到孩子不想继续听这个故事时，让他从两三本书里再选出一本，直到听得一点兴趣都没有。

如何翻书也是有技巧的，从书页上方轻轻顺下来到中间再翻，这样的示范不容易破坏图书。如果孩子撕坏了书，我们要夸张地表现出心疼、惋惜的样子，让孩子明白撕书是不好的行为。

我常常给女儿读《声律启蒙》《唐诗三百首》《千字文》等，记得女儿刚过完一岁生日时，我每次读诗读到最后两三个字都会特意慢下来，发现女儿很轻易就能接上最后一个字，不久便能一段段地背下来了。背诵并不是我们的目的，我们的目的是要让孩子感受和吸收中文语言中的韵律美，这是我们口语交流和引进的绘本故事中所缺乏的。一项法国的研究显示，婴幼儿期熟悉韵律诗歌的孩子，将来出现阅读障碍[①]的概率更低。

① 阅读障碍是一种学习困难的表现，症状包括难以念出字词、难以拼出单字、无法专注阅读、难以连续书写以及无法在阅读时清楚地念出字词，或是无法理解阅读的内容。

4. 指认实物游戏

除了阅读，从孩子10个月大开始，我们就可以和他一起做指认实物的游戏了。比如将两到三种蔬菜放入篮子里，然后拿出一根黄瓜，说："黄瓜。"再拿起来闻一闻，摸一摸，之后放到孩子手上，让他也摸一摸，说："这是黄瓜，你可以将黄瓜给我。"接着将黄瓜放到一边，再介绍另一种蔬菜。当孩子熟悉了所有蔬菜后，我们可以问他："能给我黄瓜吗？"

我们要轻松自然地和孩子一起指认身边的一切实物，不要给孩子检查对错的感觉，如果孩子拿错了，就自然地说："哦，谢谢你给我西红柿。"

希瓦娜·蒙塔纳罗博士在《生命重要的前三年》中写道：

> 指认物品是有一个"敏感期"的……如果用恰当的方法回应孩子这种对语言的渴望，他们会收获能让他们终身受益的、丰富且精确的语言。

5. 小心语言发展迟缓

其实孩子开口说话的年龄范围在现实中一般是8个月到18个月不等，如果父母给孩子提供了丰富的语言环境，但是持续6个月的时间，孩子的语言发展还是没有明显进步的话，父母就应该尽早去专业机构咨询了。

如果是正常范围内的语言发展迟缓，父母需要观察身边环境是否给孩子造成了阻碍。

- 如果孩子一直在使用安抚奶嘴，这个阶段应该考虑戒掉，起码要限制使用，如果孩子整天叼着奶嘴，对语言发展的阻碍会很大。
- 如果家有老大的话，常常会出现老大代替宝宝说话的情况，这样也容易造成语言发展迟缓。

- 双胞胎和多语言儿童往往也会出现语言发展滞后的现象，这很普遍。
- 如果孩子在这个月龄段出现耳朵感染，将对语言发展造成非常大的负面影响，父母要特别注意。

需要再次强调的是，如果家里一直开着电视机、父母总是看着手机或者直接把 iPad 丢给孩子，那孩子会极其缺乏语言刺激，这对他们的智力发展及性格养成都很不利。如果孩子的主要活动区成为无电子产品区，家庭活动的中心区域不再是电视而是书架，父母便可专注地给孩子进行语言启蒙了。

音乐启蒙

音乐也是语言的一种。专业的蒙氏老师常用唱歌的方式与幼儿沟通，召唤他们来洗手、收拾屋子、安静下来等，效果要比说话好得多。爱唱歌的父母也可以尝试用唱歌的方式与孩子进行日常交流。

其实在孩子的世界里，他们对音乐的理解比我们还要深、还要广。身为成人，我们可能很久都不曾有兴致驻足倾听风声、雨声、蝈蝈的叫声、波浪声，而这一切对孩子来说都是美妙的音乐。我们要有意识地带领孩子倾听大自然的声音，孩子就是大自然的小精灵。我们不要将自己对音乐的偏见过早地灌输给孩子，给他们定义什么是音乐、什么是舞蹈，我们要给予他们丰富的音乐体验，让他们自己与音乐交流。

即使孩子的语言表达能力有限，刚出生的宝宝也会对在妈妈肚子中听过的熟悉的音乐有反应。很多婴幼儿都会在听到欢快或者悲哀的曲调时展露出不同的表情，可见他们能与曲调中的情感共鸣，这是很多成人都已丧失的能力。对肢体刚刚有些控制能力的宝宝就会随着音乐舞蹈，很多孩子都能跟上不同的音乐节拍。

在听到喜欢的音乐时，我们可以即兴自由地舞蹈，即使从未学过舞蹈，只要我们陶醉其中，孩子就会受到感染，不由自主地和我们一起用自己的方式表达对音乐的喜爱，比如爬的时候扭扭屁股，会走路之后开始转圈。蒙台梭利博士曾经写道：

> 音乐能够通过独一无二的方式触动我们。我们能够给予孩子的礼物没有比帮他们打开音乐之门更好的了。

我们之前谈过，面对面的交谈才有益于孩子语言的发展，因此我们也要面对面地给孩子唱歌。唱得不好也不要紧，关键是你在唱。孩子喜欢父母的声音。我们不需要总唱矮化儿童欣赏能力的低幼儿歌，尽管他们的确很喜欢那些，我们要尽量多唱一些曲调悠扬的歌曲、诗词，或者简单的民间小调，这样能够给孩子留下美妙的音乐体验。

可以这样做

我们建议家长可以这样给孩子进行音乐启蒙：

1. 在客厅的矮柜上准备一个孩子能简单操作的 CD 机，旁边放几张不同类型的音乐光盘，这样孩子想听音乐的时候可以自己打开，我们也可从源头控制音乐质量。
2. 可以结合绘本，讲述一下音乐背后的故事。
3. 为孩子演奏乐器能引起孩子对乐器和音乐更大的兴趣，还要准备适宜孩子的小乐器，引导他们听到不同的曲调奏响不同的乐器，全家一起奏起交响乐！
4. 还可以和孩子一起静静聆听不同乐器演奏的音乐，然后找到对应的乐器、乐器模型或者乐器卡片。

我们不提倡长时间开着CD机当背景音乐，这样会阻碍孩子语言习得，而且不利于孩子专注地欣赏音乐，时间长了容易让孩子烦躁。下图推荐的是几个可以在家操作的儿童乐器。

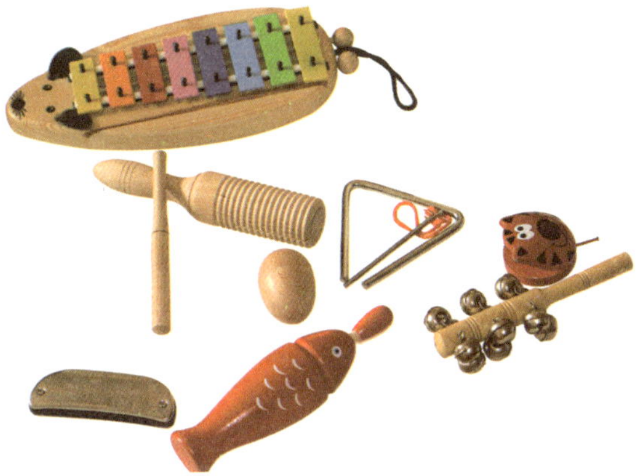

户外运动

在德国，大部分儿童户外活动的区域都有沙子、泥土和水，可见它们对孩子智力发展的促进作用是得到了广泛认可的。

蒙妈说

德国教育学者认为，通过玩沙子、泥土和水，孩子们学会了各种形状和体积的概念，诸如空、实、上、下、里、外、旁边等，这些基本认知能帮助他们更好地建立自己的身体意象。

通过触摸沙子、玩沙子，孩子能积累更多的感官经验，具象理解软、硬、光滑、粗糙的概念。我们鼓励孩子在安全无污染的沙子里赤脚走路，甚至爬

行，即便吃少量的沙子也无大碍。如果户外没有可靠的沙地，我们也可以在自家阳台上买沙子布置。为孩子创设环境，让孩子尽情地探索吧，他很快会发现沙子和水混合起来有多么神奇！

你可能会觉得让孩子玩泥沙很脏，你可能无法忍受孩子将地上的东西往嘴里放，但这就是他们探索世界的方式。

除此之外，还要尽量创造机会带孩子去接触大自然，近距离观察动植物。

关注孩子的精神世界

5～12个月期间，孩子会经历很多变化。他们从开始滑行，到能够倚靠着坐起来，再到可以连续翻身，然后能够独立坐起、爬行、扶着站立，而后可以独自站立，最终迈出第一步。同时，他们还经历了添加辅食、逐步断奶等重大历程，身心急速成长。

“我原来和妈妈不是一个人”

对孩子们来说，断奶不单单是个饮食问题，更是与母亲关系的巨大转变，意味着他们的独立之路往前迈进了大大的一步。孩子曾经通过食物与母亲相连，如今要通过食物与妈妈分离。

在宝宝的世界里，即使经过生产，身体上已经与妈妈分离，但他们精神上与妈妈还是一体的。在断奶的过程中，他们才开始一点点地模模糊糊地明白，自己和妈妈不一定是个整体。直至18个月左右，他们才最终彻底确定，自己与妈妈是相互独立的两个个体，妈妈有自己的需求，有自己的喜怒哀乐。

“我很强大”

丽丝·艾略特博士发现：

> 刚出生时，婴儿的前额叶皮层虽然也有微量的电位差，但多数研究表明，大脑皮层的情绪中枢要等到婴儿6～8个月大时才真正开始发挥功能。婴儿满半岁以后，眶额皮层渐渐掌控婴儿的情绪，这时，婴儿才能够真正感受情绪，并开始对边缘系统下半部施展自我控制。[43]

到8～9个月期间，婴儿逐渐有了更高的认知能力，此时大脑前额叶活化导致他们的记忆、情绪等都异常活跃，他们会由此经历一场名为“客体化”的精神危机。空间上，宝宝能够自主地爬离父母，大动作发展较快的宝宝已经能扶着站立和走路了。孩子越是能自主地控制自己的身体，越觉得自己可以影响到周边的环境，也就越觉得自己有力量。

蒙妈说

孩子运动能力的飞跃必然会带来内心世界不小的震动：我可以做我想做的任何事情！因此，环境的支持与否大大影响着孩子自尊、自信的建立，而父母的态度是这个环境中最重要的部分。

有太多的父母只是表面上支持和鼓励孩子，一旦孩子的行为稍微超出了他们的心理防线，他们就会无比紧张地脱口而出："小心！""不要碰！""你会摔下来的！"有时候的确因为危险，但不得不说，也有很多时候仅仅是因为有些摆件对他们来说很重要，担心被孩子摔坏罢了。

真正的支持，需要父母保持自信和冷静，给予孩子最必要的保护。但是不要通过没有任何效果的言语警告，给孩子输入很多负面信号："你不能！""你太小！""你做不到！"有的父母即使没有说出来，表情或者动作也会很容易透露出这些信号。在没有人身安全的威胁下，我们可以放手给孩子体验的机会，让他们自己去承担尝试的后果。

蒙妈日记

得益于常年跟孩子在一起，我知道世界上最多余的两个字就是"小心"，于是每次不小心脱口而出"小心"两个字，我都要有意识地换个方式来表达。

今天蔓蔓突然准备头朝下从沙发上往下爬，或许她习惯了这样从落地床上往下爬。可是沙发比落地床高很多，这样爬下去非常危险。我控制住自己紧张的动作和语气，然后说："沙发太高了！"

想不到孩子真的停下来看着我，我顿了顿，脑筋飞速地搜索合适的语言。"头转过去再往下爬。"说完，我还做了示范，出人意料的是，女儿真的模仿我安全地从沙发上爬了下来。

"妈妈走了，还会回来的"

这个阶段，宝宝也会开始明白物体恒存在的道理：即使我看不到这个物体，它也依然存在。进而能理解他人的恒存在，尤其是妈妈的恒存在。因为8个月左右，婴儿开始出现回忆能力，分离焦虑也由此产生。如果我们科学地帮助宝宝度过这些精神危机阶段，他们便会逐渐对妈妈建立起信任感：即使妈妈离开我一阵子，她也会回来的。

很快，他们也想成为那个随意来去的人，他们要自己决定什么时候爬走，什么时候回来，而等在原地的妈妈，就是这个阶段宝宝眼里的“好妈妈”。

“我要和陌生人保持距离”

孩子感觉到了自己的强大，一天比一天强大，但同时他也备感挫折，因为他很多时候还是那么无力，任何人都能够随意侵犯他的领地，我们常常称这个阶段为“陌生人焦虑期”。

这些反差会让他们十分矛盾，由此进入连环式的心理困境。如果父母理解并重视他们的情感，他们将很快突破障碍，在10～11个月期间，认生现象就会逐渐消失。相反，如果我们在这个敏感时期强行将怕生的宝宝丢在他排斥的陌生人怀里，或者让他入托，那他很容易在未来很长一段时间内都无法自如地接纳陌生人。

短短几个月，孩子里里外外要经历这么多的变化，父母需要了解有关孩子精神世界的一切，才能更好地帮助他们平稳度过一个又一个心理危机，而后有准备地进入更加动荡并充满挑战的12～36个月。当孩子逐步掌握走路技能后，他们的小脑袋里又会出现什么风暴呢？

蒙氏爸妈私家设计图纸

注：左上角为护理区，右上角为阅读区，左下角为活动区，右下角为睡眠区。

第7章

13～36个月，手把手带你在家实践蒙氏教育

蒙氏宝宝成长观察手记

13个月

大动作	● 开始尝试着上下台阶，但是下台阶还是有一定难度 ● 大部分时间还是扶着椅子走路或者推车走路 ● 尽管摇摇晃晃，但是更有信心独自走几步了
精细动作	● 能够独立剥鸡蛋壳 ● 想要什么的时候就用食指指 ● 喜欢玩电话，挂上再拿下来再挂上
语言	● 能听出自己的名字，但是还说不出来 ● 在合适的情境下能说出五六个字 ● 妈妈做得不合她意时，会有不高兴的表情 ● 听到熟悉的曲调时，会发出一些有调的声音
认知	● 喜欢用粉笔或者蜡笔涂鸦，不再往嘴里放蜡笔和粉笔了 ● 喜欢模仿大人擦桌子 ● 喜欢在书里找熟悉的事物 ● 能更长时间地专注于最简单的拼图 ● 能识别出一些抽象的图案
社交	● 开始想要自己穿脱衣服 ● 越来越不想睡下午觉 ● 高兴的时候会跟妈妈有亲昵的动作 ● 会把自己的玩具送给别的小朋友玩 ● 喜欢在比她大的孩子旁边玩

14 个月

大动作	● 能跌跌撞撞地在房间里小跑 ● 能在走路过程中停下来转变方向 ● 在外面的时候想要独立走路 ● 能自己爬上很多台阶 ● 即使能走路了，偶尔还是会爬一爬
精细动作	● 能独立剥橘子皮 ● 能垒起两三个方块积木 ● 能独立开关抽屉
语言	● 大人唱歌的时候也跟着唱 ● 认识很多身体的部位 ● 别的孩子聊天的时候，在一旁认真地听 ● 和爸爸妈妈一起玩乐器的同时，会咿咿呀呀地哼唱，那调子像在说话 ● 能模仿同龄孩子说出一些字
认知	● 如果有爸爸妈妈陪在身边，能完成一项比较简单但用时较长的工作 ● 有时候中途放下正在进行的工作，过一会儿还会回来继续做 ● 兴奋地探索整个家的每个角落，但是意识不到危险 ● 当爸爸妈妈讲故事的时候，会很认真地听 ● 可以将模型和相应的卡片配对
社交	● 在集体环境中，大部分时间比较放松，但还是会害怕某些陌生人 ● 越来越意识到自己喜欢什么，不喜欢什么 ● 害怕的事物更多了，比如某种动物 ● 喜欢自理，喜欢帮助妈妈做家务 ● 会表现出更依赖某个成人，但只是阶段性的

15个月

大动作	● 能自如地在房间里走来走去 ● 走路的时候胳膊放松，胳膊更靠近身体了 ● 走路的时候可以停下来蹲下捡东西 ● 开始模仿别人踢球的动作，即使会因此站不稳，也还是乐此不疲地尝试 ● 可以自己爬上椅子，然后自己下来
精细动作	● 能独立撕开、粘合鞋子上的粘扣 ● 在大人的帮助下，可以往下拉衣服的拉链 ● 能将类似硬币的小圆片放入零钱罐
语言	● 能说四五个词了 ● 能听懂大量她还不会说的话 ● 当妈妈唱熟悉的歌曲时，她会非常开心 ● 能听懂越来越多的指令
认知	● 能很专注地完成一项工作，比如开始学着穿鞋 ● 如果让她收拾玩具，有时候会遵从 ● 喜欢玩水和沙子
社交	● 执拗地要得到想要的东西 ● 当做不到想要做的事情时，会发脾气 ● 坚持要自己吃饭，即使有时候还不能吃得很顺利 ● 想要探索一切，即使在看起来很危险的情况下 ● 看到妈妈和其他孩子在一起时，会表现出些许嫉妒 ● 很喜欢和家人一起用餐的时光 ● 开始使用一些简单的社交语言，比如“嗨”“拜拜”等

16～18 个月

大动作	● 喜欢自己开关门 ● 在有支撑的情况下，可以登上梯凳开水龙头洗手 ● 可以骑滑板车 ● 能自己爬上沙发、椅子和比较矮的桌子 ● 能一边拉着玩具一边走路 ● 可以抓着栏杆上下楼梯 ● 可以自己坐在小自行车上 ● 开始跑 ● 开始倒着走 ● 可以用“飞衣服”的方式穿上外套
精细动作	● 能用绳子串大环 ● 可以很好地翻阅图书 ● 能独立擦玻璃 ● 能独立浇花 ● 能独立擦拭叶子 ● 能独立擦鼻涕 ● 可以堆起几块积木 ● 能翻倒盒子将里面的东西倒出来 ● 能把牛奶杯里的水倒进水杯里
语言	● 能快速理解一个新词，并将其与对应的事物联系起来 ● 看到书里熟悉的事物会叫出名字 ● 能准确地叫出自己的名字 ● 能说出简单的词汇组合，例如“妈妈下” ● 常问“这是什么”的问题
认知	● 能区分简单的几个颜色和形状 ● 喜欢在两到三个选项中选择中意的 ● 开始画油画

续表

社交	● 能自己一个人玩很久，不喜欢分享 ● 会去别人手里拿她喜欢的玩具 ● 喜欢在别的孩子旁边玩，但是还没有太多互动 ● 喜欢模仿成人的一切日常活动 ● 可以独立穿一部分衣物，比如裤子、袜子、鞋子 ● 开始可以和成人进行一定的合作，但是需要比较长的反应时间 ● 看到爸爸妈妈抱别的孩子，会表现出一定程度的嫉妒

19～24个月

大动作	● 可以跑得很快，同时还能绕开障碍 ● 可以两脚同时离地跳跃，也可以往前跳 ● 可以独立上下楼，两只脚同时在一个台阶上 ● 开始骑平衡车 ● 可以自己脱下宽大的衣服
精细动作	● 可以在大人的帮助下刷牙，能独立漱口 ● 可以用很多方块搭建成塔状 ● 可以通过旋转手腕来拧开瓶盖 ● 可以画竖的或水平的线条，可以画圆圈 ● 可以用食指和拇指捏着小珠子穿线 ● 可以用小剪子剪东西 ● 可以独立擦镜子、给木饰打蜡 ● 可以在大人的帮助下插花和种植 ● 可以在大人的帮助下和面、压柠檬汁、切鸡蛋、切苹果 ● 可以独立晾衣服 ● 地板被洒上水时可以独立拖干

续表

语言	● 可以回答简单的问题，比如："你叫什么名字？""爸爸干什么呢？" ● 能明白很复杂的连环指令 ● 能唱几首简单的歌，能背几句诗词 ● 能说一些简单的句子，可能会有语法错误 ● 会用动词、形容词、冠词
认知	● 可以进行大概的分类 ● 喜欢喂养动物 ● 可以一个人在读书角长时间地看书 ● 会模仿爸爸妈妈用抹布除尘和扫地 ● 会拼更复杂的拼图 ● 会将橡皮泥捏成一定的形状 ● 开始明白"将来"的表达，比如"一会儿""过很久" ● 能记住很多过去的事情 ● 不明白"过去"的状态，比如昨天 ● 开始理解一一对应的关系，比如一个人一个杯子 ● 对危险有过度的警觉 ● 更加确信自己是一个独立的个体，不停地重复"不"，比如"不是我干的""不，这是我的"，并表现出更加丰富多变的情绪，比如内疚和自豪 ● 有一定的联想能力，比如将汉字"之"联想成熟悉的滑板车，将画出的曲线联想成水等
社交	● 仍然喜欢在其他孩子旁边玩，一起玩的话就会有很多摩擦 ● 喜欢帮忙布置餐桌、收拾餐桌、洗碗 ● 开始意识到不同的性别和自己的性别 ● 面对某些陌生人或者在某些陌生的场合会害羞，需要一段时间才能放开 ● 高兴的时候会跟路上所有的人打招呼 ● 开始理解别人可能会有不同的需求和情绪，有了一定的共情能力

25～36个月

大动作	● 可以交换前后脚走很窄的小道，也可以倒着走 ● 能轻松爬上游乐园的梯子 ● 骑三轮脚踏车时能控制方向 ● 能举起球往前扔到要扔的地方 ● 能更精确地踢到球
精细动作	● 可以给鞋子打油 ● 能独立清扫干净洒落在地板上的橘子皮 ● 能独立洗手绢 ● 会用正确的方式握笔 ● 能认出写在纸上的自己的名字 ● 涂鸦更加丰富 ● 能描画虚线
语言	● 能回答更复杂的问句，例如："今天在姥姥家干什么了？" ● 学会使用人称代词你、我、他 ● 能明白更复杂的绘本的情节 ● 可以和成人及别的孩子聊天 ● 开始在玩的时候和走路的时候描述当下的状况 ● 开始用"什么""哪里""谁"这些词来提问 ● 发音越来越准确
认知	● 喜欢做粘贴、剪纸、缝纫的工作 ● 开始用水彩作画 ● 开始比较不同物体的大小，然后以大小将它们分类 ● 能够理解和使用代表数字和颜色的词汇 ● 开始参与到手指游戏和听歌谣做动作的活动中 ● 能够回顾当天发生的重要事情 ● 突然回忆起很久以前的事情 ● 会说出一些有哲理的话 ● 强烈地喜欢或讨厌父母的某一件衣服 ● 有了明显的羞耻心，蹲马桶的时候要求关门

续表

社交	● 大人不舒服的时候会嘘寒问暖，并贴心地照顾 ● 能和其他孩子一起合作式玩耍 ● 当很多孩子比较集中地在一起时，会不自在，想要离开 ● 开始能帮助其他孩子完成一些工作 ● 能更加耐心地等待，也逐渐开始分享 ● 通过阅读情绪类绘本，可以消除一些紧张和恐惧的情绪 ● 不高兴的时候会跺脚

进餐区环境设计精髓

蒙台梭利博士在 1946 年伦敦演讲中说到，父母在照顾孩子的过程中都太注重卫生，而忽略了运动、认知等其他方面的发展。同样对于吃饭，我觉得

当今很多父母依然认为这只是一件关乎营养的事情，殊不知婴幼儿时期的饭桌经验关系到孩子将来对待食物的态度，以及是否会带来贪食症、厌食症、肥胖症等问题。作为父母，我们也要反观一下自己是否对食物有贪婪或厌弃的态度，因为这些都会潜移默化地影响到自己的孩子。

尊重孩子的胃口

与在法国家庭观察到的相比，我们中国家庭有一个很大的不同是，当孩子表达出不想继续吃的信号时，面对剩饭，中国的父母一般都会鼓励或诱导孩子吃完。因为在过去的年代，人们常常吃不饱、穿不暖，所以在中国的传统文化中，剩饭是一种没有教养的行为。然而到了今天，和过去物资匮乏的时代不同，我们面临的更多的是孩子无法掌控自己胃口的问题，因为孩子容易在大人的影响下吃更多多余的食物。

当孩子表达出不想继续吃的意愿时，我们要坚持尊重他的胃口，容忍这一点浪费。这样做会向孩子发出一个信号，就是吃多少要看自己的胃口，而不是碗里有多少。为了既能尊重孩子的胃口，又更少地浪费食物，我们可以学习欧洲父母的做法，在孩子一岁以后，先给他盛一点饭到盘子里，吃完一盘之后自己盛饭，自己决定还要吃多少。不用担心孩子吃得不够，一顿吃得少些，下一顿就会吃得多些，今天吃得少些，明天就会吃得多些。不放心的话，就做一个一周饮食观察记录表，你会发现，孩子真的能把自己喂饱（不是喂撑）。

孩子开始走路后，胃口减少也是再正常不过的事，因为“走路”变成了他们当前最感兴趣的事。辅食敏感期已过，成长速度也会逐渐放缓。这时候孩子的手眼协调能力越来越发达，用叉子、勺子的技能逐渐提高，当孩子吃饭不会洒落太多的时候，我们就可以撤掉餐椅前的餐盘，将餐椅并到饭桌旁，让孩子直接和大人同桌吃饭了，孩子也可以自己上下餐椅。当孩子认为自己吃饱了之后，就允许他自己爬下餐椅，离开餐桌。

让孩子爱上吃饭

很多家长对孩子不爱吃饭尤其感到头疼，每顿饭都要追着孩子喂，不得已将自己修炼成厨艺大师，最终改观也不大。其实修炼厨艺倒不如让孩子参与食物的准备过程，这样更能激发孩子对食物的兴趣。可以让孩子帮助父母布置餐桌、端菜、参与饭后的餐桌清理和洗碗，与父母一起快乐地享受用餐前后的劳动时光。让孩子参与到真正的家庭生活中来，才能让他感觉到和家人一起吃饭是件很美好的事，胃口当然也不会太差。

孩子会本能地抗拒不熟悉的食物，我们尽量不要强迫孩子吃他不愿意吃的食物，但是在孩子拒绝进行初次尝试的时候，可以坚定而温和地说："你有权利不吃这种食物，但是要在尝过以后再决定。"当然，第一次吃某种食物时，他们都会表现出很讨厌的样子，但是法国父母会坚持反复地将这种食物摆上餐桌，神奇的是，最多在20天之后，孩子就会喜欢上这种父母爱吃的餐桌常见营养食物了。

等到了一岁半以后的自我认可期，不少孩子也会开始抗拒食物，那是自我意识的一种表现方式。我们不要焦虑，更不要强迫，营造一个舒适温馨的独立就餐环境很重要，千万不要一边看电视一边吃饭。

自从女儿入托后，我不小心让她养成了一个坏习惯。因为她一开始吃不惯学校的德国餐，所以每天去接她时，我就给她带很多吃的，“小吃货”每次都要一扫而空。这样做的结果就是，她晚餐吃得没有以前好了。

我意识到应该尽量让孩子在晚餐之前的两小时不进食，下午餐吃点容易消化的食物，才不会影响孩子晚餐时的胃口。

虽然我做了调整，但女儿已经养成了晚餐不好好吃的习惯。这可怎么办呢？

尽管我也开始不由自主地担忧起她的营养问题，忍不住想催促她、诱导她吃点这个尝点那个，但是我知道这样做根本没用。于是我努力将注意力从饭桌上转移，和她边吃边聊点别的，让孩子自主吃饭，看到她开始不想吃甚至捣乱的时候，就问她是否吃完了，吃完就请她离开餐桌，并和她一起将餐盘、勺子、叉子放回。

收拾的时候，我还提醒女儿：“嗯，你觉得肚子饱了，所以决定不吃了。”因为我知道她很可能一会儿又来找吃的。

刚开始的几天的确这样，女儿过一会儿就饿了要吃东西，我会温和地说：“嗯，我知道你肚子饿了，想吃东西了，可是晚餐已经结束了，下一顿你可以多吃点。”

坚持这个原则不变，不能心软，娃很快就重新爱上吃饭了。

餐桌礼仪早培养

孩子饭桌上的表现往往也是家庭教育的验收单。我们常常以为等孩子长大了自然就会习得吃饭的规矩，殊不知等到孩子上了幼儿园，甚至上了小学，他的就餐礼仪还是一塌糊涂。其实在孩子能够独立吃饭的时候，就应该循序渐进地给他示范正确的餐桌礼仪了。比如餐具摆放，还有嘴里有食物时不说话、细嚼慢咽、打喷嚏要回避等。如果孩子开始玩食物，那说明他不再饿了，就请他离开餐桌。

在法国，很多孩子从小就有严格的就餐时间，三餐之外只有下午的点心时间，每餐之间基本不进食。由于法国的生冷食物比较多，所以大人和孩子的食物常常会不一样。如果孩子要吃大人盘中的食物，法国父母会很认真地告诉他：这是大人吃的食物。法国的孩子从小就自然地接受了大人吃的食物他们不可以吃的习惯。这就是为什么在餐厅，我们经常看到只有法国的孩子才会乖乖地坐在那里像个小大人一样优雅地进餐。

睡眠区环境设计精髓

这一阶段，可以继续使用落地床。当孩子身高允许，并且不易掉下床时，就可以将原先的床架加回去了，同时可以用厚地毯来减少床和地板之间的落差。不管以何种形式，只要满足孩子能安全、自由地上下床这一条件即可。

这个阶段也可以渐进式地尝试分房睡，不论是从夫妻感情、二胎准备的角度考虑，还是为了孩子的独立，以及与父母建立更加健康的依恋关系。如果难以做到也不用担心，保持这个意识，在全家人都做好准备的时候，再行努力。

建立加长版的睡前程序

一岁以后，宝宝越来越爱晚睡，常常需要半小时的时间来进入睡眠。这

是因为孩子进入了一个新的生活周期，他们开始站立起来走路，白天的活动量越来越大，并且他们有了更丰富的社交生活，越来越喜欢和大家互动，因而到了晚上也不愿意睡觉。

他们的肌肉和大脑与之前相比需要更长的时间才能放松下来，体温也需要更长时间才能降下来。因此睡前太多的活动和太吵闹的环境都很容易给孩子造成各种睡眠障碍，不仅让入睡变得更加困难，即使睡着也会异常躁动。所以建立并坚持一个合理且时间足够长的睡前程序很有必要。

可以这样做

给大家分享一下我家女儿的睡前程序，作为参考：

1. 先让女儿和爸爸安静地玩一会儿，然后收拾玩具。
2. 快到睡觉时间时，要分两三次提前提醒，让她有一定的心理准备，快到时间时，可以帮助她一起完成游戏和收拾工作。
3. 洗完澡，刷完牙，将灯光调暗，帮女儿穿上睡衣。
4. 爸爸给女儿讲睡前故事，然后妈妈唱《摇篮曲》的同时给她按摩，轻声细语地和她回忆一天之中发生的美好事情，淡化遇到的挫折、困难。
5. 将女儿喜欢的玩偶放在她怀里，亲吻女儿，与她道晚安。

随着年龄的增长，孩子会找各种借口拖延睡觉时间，这些借口很容易识别，也可以在睡前都做完。父母要温柔、坚定地不回应他的各种不睡觉的借口。如果孩子睡前故意惹父母生气，也尽量用温和的语言坚持原则。不要让孩子睡前太紧张，也不要通过取消睡前程序来惩罚他。可以给他讲个简短的故事或者唱首催眠曲，尽量保证他睡前心情平和。

从容应对夜醒和噩梦

在一岁半到两岁之间，本来能睡整觉的孩子可能会在夜间醒来，而且次数逐渐增多，这与他们进入了自我认可期有关。他们意识到自己是独立的个体，进而引发了焦虑。这时，父母更要给孩子轻松、柔和的睡前程序。如果孩子半夜醒来哭泣，先不要立刻安抚，要给孩子重新独立入睡的机会，他们一般可以自己再睡着。如果没有什么特殊情况，哭声不会持续太久，但是半夜的哭声总让人感觉时间很长，其实你每次可以冷静地测一下时间，大部分时候会发现，孩子没过多久就自己睡着了。如果哭声一直持续，就要温柔地给予安慰，过一段时间之后，就会重新迎来孩子的好睡眠。

这个阶段的孩子既要争取独立自主，又害怕一个人面对危险，心理活动非常复杂，晚上可能会做更多的梦。如果孩子因做噩梦而半夜惊醒，那么父母应该能识别出不同以往的哭声。这时应立即打开微弱的灯光，抱着他，安抚他，可以和他聊聊天，聊一些让他感到放松的话题，给他足够的时间真正从梦中醒来，知道父母在身边。等到他情绪平稳后，再安抚他入睡。孩子会做梦，意味着他开始拥有越来越多独立于妈妈的内心世界。

护理区环境设计精髓

当孩子能独立行走之后，我们可以将原先的活动区改为护理区。

活动区的镜子变身穿衣镜，将衣柜与矮柜的位置互换，放在镜子旁边方便换衣。到了这个阶段，孩子完全不需要在换洗台上换尿布了，因此我们可以将换洗垫撤掉，同时将收纳布袋挂在镜子旁边，让孩子自行取用其中的护理用品，比如梳子、发绳、纸巾等。擦脸油也可以取出一部分放在一个小容器中让孩子自行取用。

循序渐进地引导如厕

当孩子能够站立甚至走路后，我们完全可以让他站着换尿布。再过段时间，就可以开始准备如厕环境，当孩子表现出自主如厕的信号时，便及时开始进行如厕引导。

我们应在孩子活动最多的地方设置这个区域，如果卫生间不远的话，也可以设置在卫生间。

我们家将如厕环境设置在孩子房间的护理区，这个小环境里有小马桶、分别放湿内裤和干净内裤的收纳筐、高度合适的小板凳、少量的卫生纸、几本如厕相关的绘本和一个大人用的小凳子。刚开始，如果孩子没有耐心蹲在马桶上，我们可以坐在一旁给他讲相关的如厕故事。如果地板太滑，可以铺一块摩擦力大的小地毯，防止孩子摔倒。

蒙氏教育提倡从孩子出生起尽量给他们使用布尿裤，也就是我们中国传统的“尿戒子”，如此可以帮助孩子积累足够的感官体验，孩子不喜欢湿湿的感觉，就会更早地有意识地去控制大小便。不到一岁半，髓鞘化已经允许大脑开始控制括约肌了，理论上说，这时孩子的生理条件就已经允许独立如厕了。布尿裤的缺点就是清洁工作太繁重，但如果家里有条件的话，还是首先推荐布尿裤。

如今纸尿裤的普及让孩子学习如厕的时间推后了很多，现代科技帮我们省力的同时，也让我们对其产生了过度依赖。

我们家虽然也在大部分时间给孩子使用纸尿裤，但一直在有准备地观察，当女儿表现出准备好独立如厕的信号时，比如开始拉扯尿布、能很长时间保持尿布干燥、尿布湿了会告诉我们或者大便的时候会躲在小角落等，我们就给她换成小内裤。蹲下来，看着她，用简单、正确的语言告诉她这是什么，以及要怎么做。要有机会让孩子看到大人如厕的过程，并阅读一些相关的绘本，这样能帮助他更好地理解这个过程。自然地使用科学的语言，比如告诉孩子："我感觉到膀胱有胀的感觉，我要用马桶了。"

刚开始，我们可以时常提醒孩子用马桶，可以每个小时提醒一次，并在睡前、醒后、饭后、出门前、洗澡前、游泳前等特定时间提醒。不要问他是否想上厕所，直接告诉他："现在是上厕所的时间。"顺利的话，我们会发现，以后的间隔时间可以从一个小时变成两个小时。

开始时孩子会对上厕所很感兴趣，如果遇到一些挫折，或者时间一长，又会开始抵触。我们只需要坚持每天准备好如厕的环境，温和地提醒，以及巧妙地引导，比如我们可以坐在马桶旁边的小凳子上兴致勃勃地看一本与如厕相关的书，偶尔读出他喜欢的片段，当他好奇地凑过来时，我们就将他的小内裤脱下来让他坐在马桶上。我们的坚持会让他逐渐明白，如厕是一件每天都要做的事。

如厕学习的时间或长或短，因人而异，要通过观察，把握最佳的开始时机，一旦开始，就尽量不要暂停，不然会事倍功半。然后就准备好足够的耐心和精力去撸起袖子做清洁工作吧。如果恰巧在夏天进行，会更容易成功，因为单独的一件小内裤，孩子更容易脱下来，父母也不需要清洗更多的衣物。

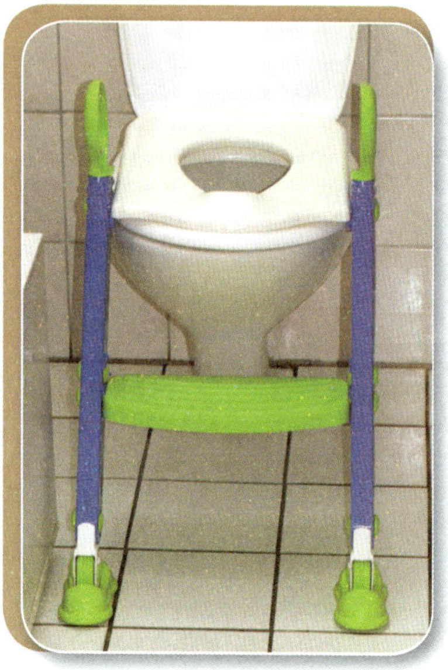

当孩子已经能很自如地如厕后，就可以准备一个小马桶圈和一个小凳子，将家里大人用的马桶“装备”起来，让孩子踩上小凳子使用大人的马桶。

我们要保持从语言到表情再到心态上的放松。顺其自然，切忌给孩子施压。如果孩子抗拒，就缓慢进行，操之过急容易导致孩子便秘或者尿不尽。当孩子如厕成功时，我们最好也不要有太夸张的反应甚至给予奖赏，虽然我们很容易这样做。可以用平常的口吻微笑着说：“我看到你在马桶里大便了。”如果孩子反复地在地板上小便，我们也要避免用任何责备的语气，同样自然地说：“我看到你的小内裤湿了，要换一条新的了。我们还需要清理一下地板。”

很多法国家庭也是让孩子一岁半左右开始练习如厕，在两岁半上幼儿园之前，大部分孩子就已经能够独立如厕了。国外研究表明，如果 27 个月后开始对孩子进行如厕引导，大部分孩子会迅速学会独立地如厕。如果如厕学习开始得早，很可能要花费更长的时间。[44]

无论开始早晚，轻轻松松的状态都比紧张焦虑的过程要好很多。没有孩子到了 10 岁还需要尿布，但是很多人在成年之后都有各种如厕问题，这可能就源于学习如厕那段时间父母的态度。

我们要相信孩子的能力，只要方法得当，他们都会顺其自然地与尿布告别。

玄关设计帮孩子实现独立穿脱

一岁之后，孩子开始喜欢自己穿脱衣服，此时推荐不带纽扣和拉锁的松紧带长裤或短裤，便于孩子独立穿上和脱下。开始走路之后，孩子就需要鞋子了。刚开始选择鞋子的时候，尽量不要选带鞋带或者皮带扣的。我们也鼓励在安全的前提下，让孩子尽可能多地赤脚走路，这对孩子的平衡协调能力和感官刺激都非常有帮助。

我们不仅要给孩子选好合适的衣物，也要给他准备好合适的环境，帮助孩子实现独立穿脱。

在家里的玄关处，我们需要准备适合孩子高度的挂衣钩、可以坐着换鞋的小板凳、放置鞋子的鞋柜或者鞋架，以及收纳围巾、帽子、手套等小件衣物的收纳筐等。孩子可以在进出门的时候自主穿脱和收纳衣物。

活动区环境设计精髓

我在护理区部分讲到，我们将衣柜和矮柜互换了位置，在此阶段，矮柜可以陈列更多样、更复杂的活动工具了。如果孩子大部分时间在客厅活动，也可以将桌椅转移到客厅，在客厅也准备一个活动矮柜。其实当孩子能够独立行走时，整个屋子都成了他们的活动区。

此时活动区还需要准备一套适合孩子高度的桌子和椅子，他们可以在这个桌子上进行画画、手工、拼图等所有适合桌面的活动。这把椅子最好既结实又轻巧，孩子可以自由搬动到别的地方使用，而且坐下来时，脚能着地。

一岁之后，尤其是一岁半之后，孩子的活动能力呈爆发式增长，我们除了要给他们提供辅助动作和语言发展的活动机会，还要增加有关日常生活的各种练习。孩子们开始模仿大人穿衣、梳洗以及做各种家务，这个阶段他们有了更加强烈的独立意识和自我意识，也要通过掌握这些技能来证明“我长大了”“我很能干”。我们常常低估孩子的能力，总说“你太小了”“这个太危险了”之类的话，殊不知经常性地否定和拒绝会让孩子有更强烈的反抗意识。其实只要我们给孩子提供合适的工具和正确的示范，他们的表现就会远远超出我们的想象。

昨天朋友带孩子来玩儿，两个小女孩心血来潮撕废旧杂志贴到手上，然后笑得前仰后合。我提议说：“可以用剪刀剪啊。”朋友大惊失色，让两岁多的孩子玩剪刀？

女儿噔噔地跑去拿来自己的小剪刀，开始麻利地剪杂志，旁边的小伙伴看得跃跃欲试。

我说：“你也可以试试。”朋友说：“不行吧，她会伤到自己的。”

可是小女孩坚持要玩，我给她用慢动作示范了一下，小女孩就迫不及待地开始剪了，她虽然动作很笨拙，但是成功剪下来好多，超级有成就感。一刻不安分的她一直剪啊剪。

女儿用剪刀，我开始也只是示范了一下，并告诉她安全注意事项，比如不能拿着晃，拿的时候要握住剪刀头等。之后就把剪刀放在她的工作桌上，让她随时取用。因为是圆头的儿童剪刀，一点儿也不锋利，所以我不担心她会严重受伤。

每次有什么包装袋要剪开，她就自告奋勇跑去拿她的剪刀，经常坐下来剪纸近大半个小时，我趁机就能做好多家务。锻炼的机会多了，她用起剪刀来和大人一样熟练。

就在朋友来之前，她看到自己的裤头上有个线头，于是说："妈妈来帮我！"我正在练瑜伽，就跟她说："你自己有剪刀，自己剪吧。"她二话不说跑过去拿起剪刀就剪，小家伙弯下腰，想不到还找到了最佳角度将线头利索地剪了下来。一边把剪刀放回去一边说："扎着我了，有点疼。"

我说："哪里啊？"

她说："这里。"手指着腿。

因为对自己的女儿很了解，我知道就是剪刀头碰到腿了，从她轻松的表情上看都知道算不上疼。

我说："哦，赶紧揉揉吧。"

她自己揉都没揉，立马忙别的去了。

让孩子用小刀、小剪刀，免不了小伤小痛，但是只有这样，她才能积累真实、宝贵的生活经验，对因果联系印象深刻，才能学会保护自己，大大提高手眼协调能力。当然了，自信心也会提高很多！

教孩子自己照顾自己要比直接照顾他们麻烦得多，需要更多的耐心，但这就是实践蒙台梭利教育与普通养育方法的重要区别。我们给予孩子能终身受益的生活教育，同时还培养了他们的理解力、记忆力、专注力、社交能力等关键智能。我们知道，拥有某一方面的超常智力并不能决定一个人是否能在某个行业出类拔萃，但是如果孩子拥有我们刚刚提到过的这些关键智能，即便没有特殊才华，也很容易在一个领域有突出表现。

以下这些活动示范流程是我们夫妇借鉴国际蒙台梭利婴幼社区①专业操作标准后精简和改编的在家实践版，父母在参考的时候，完全不需要拘泥，示范过程的关键是流畅、自信，还要有趣。我们推荐的月龄阶段只能作为参考，实际生活中要以父母观察到自己孩子的个体情况为标准。

可以这样做

1. 通过平日细致的观察，父母除了要了解孩子最近的兴趣，还要找到孩子的近侧发展区间②，意思就是在父母少量的指导、协助下，孩子能够基本独立完成的活动。
2. 示范过程切记要一慢再慢，将动作分解开来，让孩子看清楚每个细节。
3. 工具大小要适合儿童使用，实用美观。
4. 每次邀请孩子参与时都要有技巧，应尽量回避“是否”形式的问题，比如：“你要不要压橙汁？”“你来擦桌子好吗？”等，因为这个阶段的孩子常常为了否定而否定，所以直接请他来参与：“你来帮我刷这只鞋子吧！”

跟着我们一起做起来吧，相信用不了多久，你会看到一个全新的孩子，这个孩子不再缠着你和他一起玩儿，也不再通过无理取闹来吸引你的关注，

① 示范流程以 2017 年德国国际蒙台梭利协会教育法 0～3 岁培训内容为基础，进行了精简改编。

② 教育学家列夫·维果茨基认为，人的发展有两种层次：实际发展层次与潜在发展层次。实际发展层次就是皮亚杰所谓的儿童发展阶段，什么样的阶段有什么样的能力；潜在发展层次则是在大人或同伴的合作下，儿童能够解决问题的能力。这两者之间的差距，维果斯基称为“近侧发展区间”。每个个体的基本能力即实际发展层次和近侧发展区间都不同，最好的教育应该考虑到个体的差异，而这也是学校教育所要达到的目标。

他可以自己照顾自己，还能帮助我们做家务，可以一个人愉快地忙碌越来越长的时间，他是真的长大了，他是真的很能干，他不需要绞尽脑汁找渠道来证明这些了。

学习自理

蒙台梭利博士曾在《蒙台梭利教学法》中说过：

> 成人总是习惯伺候儿童，这不仅是在奴化他们，而且还很危险，因为这将抑制有益于儿童成长的自发性活动。

教孩子自理的目的不是要完成一项任务，对于孩子，一切意义都在过程中，他们不是为了完成任务而去做当下这件事的。因此我们不要打断他，不要代替他，努力等待，静静观察，接纳孩子不熟练的动作和脏乱的场面，不要急于插手，等确定孩子需要你的帮助时，再给予最小的、必须的帮助。

穿脱

建议月龄： 13 ～ 36 个月。

工具： 父母的外套和孩子的外套。

示范：（1）将大人的外套平铺在地上，内里朝上，领口朝向自己；

（2）两手缓慢伸入两个袖筒；

（3）用力将外套扬到身后；

（4）将胳膊穿过袖筒。

提示： 我们将这种穿外套的方法叫作“衣服飞起来”。每次出门前，女儿都很开心地自己“飞”衣服。我们从一开始就可以鼓励孩子尽自己最大的努力穿脱帽子、围巾、袜子、小内裤等。即使孩子还做不到，也要请他最大程度地参与，给予他尝试的机会。

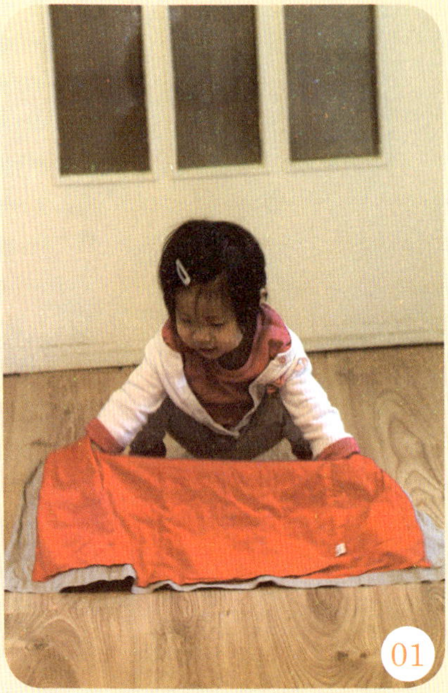
01

02

03
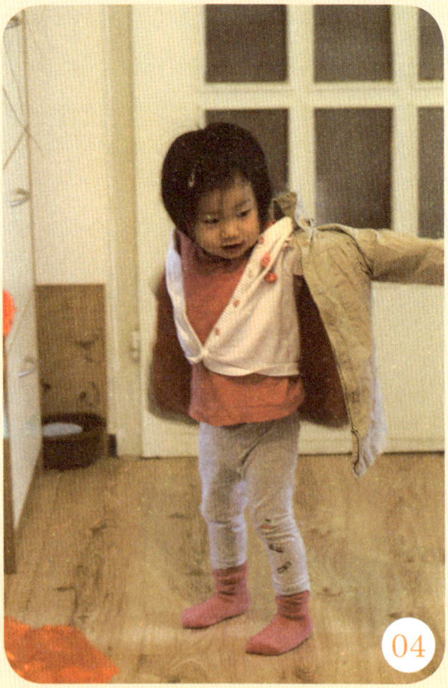
04

洗手

建议月龄：13～36个月。

工具：洗手盆、梯凳、香皂、小毛巾、挂毛巾的钩子。

示范：（1）协助孩子踩上梯凳；

（2）示范如何拧开水龙头；

（3）将双手放在水流下浸湿；

（4）拿起香皂在两手之间揉搓；

（5）放回香皂，两手揉搓出很多泡沫，让孩子看泡沫；

（6）在水流中洗掉泡沫；

（7）关掉水龙头；

（8）用毛巾擦干双手。

提示：将水流尽量调小，减少浪费。如果水龙头会有很热的水流出，需要想办法控制温度，防止烫伤孩子。如果孩子浪费太多洗手液，建议使用香皂，但不建议使用抗菌香皂。

刷牙

建议月龄：13～36个月。

工具：牙刷、不同于喝水杯的漱口杯、牙膏、一面适合孩子高度的镜子、洗手池、梯凳。

示范：（1）提前在大人和孩子的牙刷上挤好适量牙膏，用漱口杯接好可以喝的温水；

（2）拿起大人的牙刷，将嘴张开咬合牙齿，对着镜子从左到右刷；

（3）孩子同时也拿起自己的牙刷对着镜子刷；

（4）刷完牙用漱口杯的水漱口，再吐到水池；

（5）孩子也许会将水喝下去，这时提示他：漱口的水要吐出来，给他做一个夸张的示范。

提示：孩子出生后，父母就可以用刷牙手套来帮助婴儿刷牙。添加辅食后可以开始使用牙刷，这时主要还是父母帮助孩子刷牙，等孩子开始走路后，就可以学习独立刷牙。即使可以独立刷牙，为了保证牙齿彻底清洁，我们建议先由父母帮助刷，然后让孩子自己刷。如果孩子一直习惯将水喝下去，可以单独和孩子练习吐水的动作。此外，需咨询儿科医生能否使用含氟牙膏，如果使用含氟牙膏，需要谨慎控制用量。

擦鼻涕

建议月龄： 13～36个月。

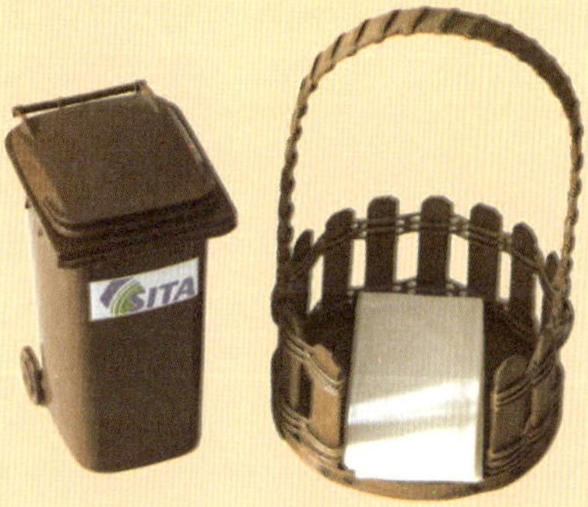

工具： 将纸巾裁成原始大小的一半放入小筐、垃圾桶。

示范：（1）如果孩子在流鼻涕，就带他到镜子前，让他看自己的鼻子；

（2）从纸巾筐里拿出一张纸巾；

（3）让孩子也拿出一张；

（4）在镜子前面，打开纸巾用点劲儿从鼻子一侧擦到中间；

（5）看一下纸巾，然后折叠起来；

（6）从鼻子另一侧用点劲儿擦到中间，再次折叠；

（7）孩子擦鼻涕的时候可以指给他看纸巾上的鼻涕；

（8）和孩子一起照镜子，看鼻子是否擦干净了；

（9）鼻子擦干净后要带孩子洗手。

提示： 大人的纸巾对孩子来说太大，纸巾盒里的纸也太多，因此要裁成一半放入小筐。如果孩子的鼻腔太干，可以用湿润的棉球或者生理盐水进行润湿。如果孩子的鼻子周围因擦鼻涕而干燥，可以在纸巾盒旁准备一小盒孩子可以自己使用的润肤油。每次给孩子擦鼻涕，都要提前告诉他："我要给你擦鼻涕啦。"缓慢而轻柔地擦，不然孩子会抗拒擦鼻涕这件事。为防止引发耳炎，我们不要主动让孩子用力擤鼻涕，不过很多孩子通过模仿很自然地就学会了擤鼻涕。

使用夹子

建议月龄： 13 ~ 36 个月。

工具： 两个小碟子、数个棉球、夹子、工具盘。

示范：（1）用三个手指捏着夹子；

（2）捏住夹子，说“关”，放开夹子，说“开”；

（3）让孩子尝试，如果他还无法做到，先与他练习开关夹子；

（4）缓慢地夹住一个棉球，同时说“关”；

（5）将棉球从一个碟子里夹起，放入另一个碟子里，同时说“开”；

（6）让孩子继续将其他棉球分别夹到另一个碟子里；

（7）所有棉球都夹到另一个碟子里后，再将棉球用同样的方式夹回来；

（8）当孩子失去兴趣时，示范如何收拾。

提示： 练习使用夹子也是为将来使用筷子做准备。两岁之后便可开始使用儿童短筷，不推荐使用学习筷。棉球数量可由少变多。食品夹使用熟练后，可以逐步练习晾衣夹。

倒水

建议月龄：13 ～ 36 个月。

工具：两个牛奶杯（其中一个牛奶杯里有少量的水）、海绵、托盘。

示范：（1）一只手把着牛奶杯的手把，另一只手托着杯子底部，缓慢地将里面的水倒入另一个空的牛奶杯中；

（2）再用同样的方式把水倒回来；

（3）如果在桌子上或者托盘中洒了水，示范用海绵擦干；

（4）当孩子失去兴趣时，示范如何收拾。

提示：当孩子能熟练地倒水后，可以准备一个牛奶杯，吃饭的时候，让孩子自己酌量从牛奶杯往水杯里倒水喝。

系扣子

建议月龄：粘扣，14～36个月；拉锁，16～36个月；按扣，22～36个月；纽扣，24～36个月；皮带扣，30～36个月。

工具：带有粘扣的衣服或者鞋子，带有拉锁的上衣，带有按扣的上衣，带有纽扣的上衣，带有皮带扣的鞋子。

示范：将动作分解开来，以最慢的速度示范。

提示：也可以购买或者自制衣饰框。

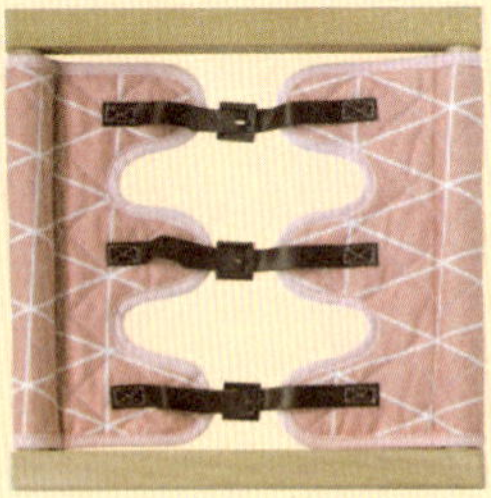

参与家务

在我做家务的时候，女儿常常喜欢黏在我身边，她百无聊赖，就通过撒娇、哭闹来引起我的注意，导致我无法好好做家务，两个人都不开心。但是如果我邀请她一起来做，耐心地给她示范，让她完成自己能胜任的那一部分，她的脸上就会洋溢出无比幸福、满足的神情。等她对所做的事情失去兴趣后，便会自发地独自去找别的工作去做，并且会专注地投入很长时间，因为她感受到了妈妈全身心的陪伴和满满的自我实现感。此时我既能安心地快速完成家务，同时还拥有了高质量的亲子时间，一举多得。

我们一直将大部分家务劳动当作亲子互动的重要时刻，不论我们在做什么，都尽量让女儿也参与其中，也许我们会花更长的时间来完成这项工作，也许收拾过程将会变得更加麻烦，但是我们认为这一切都是值得的，因为家务不再是枯燥乏味的，孩子在家务中感受到了父母的爱和信任。

女儿也给了我们一次又一次的惊喜，我们从未想象过这么小的小人儿能干这么多的事儿，看到地板上有水，她就自觉地去找拖把来拖地；看到窗户脏了，有了擦玻璃的兴趣，她就自觉地端着工具篮去擦玻璃；刚刚换下湿了的内裤，她就跑到浴室登上梯凳开始洗内裤；她还喜欢和妈妈一起洗菜、择菜，布置餐桌……

刷鞋

建议月龄： 18～36个月。

工具： 鞋刷、一块防水衬垫、海绵、一个工具篮。

示范：（1）一只手抓住鞋口，另一只手用鞋刷从鞋子的侧面用力从后往前刷；

（2）用刷子从左往右刷鞋子前面；

（3）让孩子继续刷鞋子的另一面，然后刷另一只鞋；

（4）刷完将鞋子放回，再找其他脏鞋子刷；

（5）当孩子没有兴趣时，示范如何收拾；

（6）带孩子一起洗手。

提示： 如果鞋子太脏，这项活动可以在地板上进行。

擦桌子

建议月龄： 13 ～ 36 个月。

工具： 海绵、小碟子、抹布、工具篮、椅子、桌子。

示范：（1）将椅子挪到桌子一旁；

（2）将工具篮放到椅子上；

（3）端着小碟子到浴室，在水龙头下将海绵淋湿，再轻轻把水挤压出来；

（4）将海绵放在小碟子中，将小碟子放回工具篮里；

（5）找到桌面脏的地方，左手扶着桌子，以打圈的方式拿海绵擦干净；

（6）擦干净后，示范用抹布将湿了的地方擦干；

（7）当孩子不想继续擦时，示范如何收拾。

提示： 孩子需要一只手扶着桌子来保持平衡，我们这样做，孩子就会模仿这个细节，站稳才能更顺利地完成此项活动，增加孩子的自信心。孩子的小矮桌擦完后，可以用同样的方法擦柜子、椅子、茶几等。如果桌子太脏，海绵不足以擦干净，可以准备一个刷子和一块香皂，将香皂擦在刷子上，用刷子刷太脏的地方，再用海绵擦一遍，最后用抹布擦干。这些较为复杂的步骤适宜 18 个月以上的孩子操作。

拖地

建议月龄： 18～36 个月。

工具： 小拖把。

示范：（1）双手抓住拖把，向上举，将拖把从挂拖把的环上取下来；

（2）将拖把放于地面，两手握着拖把走到洒过水的地方；

（3）从左到右再到左，蛇形拖地；

（4）直到地面没有水，示范将拖把用同样的方式悬挂起来。

提示： 如果洒水量很多，就需要用抹布来擦干。找一个角落将扫把、拖把等悬挂在合适的高度，让孩子自由取用。

扫地

建议月龄： 24～36个月。

工具： 扫把、簸箕、簸箕刷、扫地导向。

示范：（1）将扫地导向放到垃圾旁边；

（2）示范用两只手拿扫把；

（3）用双手将垃圾往扫地导向里面扫；

（4）扫完之后，将扫把放回；

（5）示范将簸箕刷放在簸箕上，拿到扫好的垃圾旁边；

（6）将扫地导向移开；

（7）用簸箕刷将垃圾扫到簸箕里；

（8）将簸箕刷放在簸箕上，将簸箕拿到垃圾桶处，用簸箕刷将里面的垃圾扫到垃圾桶里；

（9）放回簸箕刷和簸箕，放回扫地导向；

（10）带孩子洗手。

提示： 当地板上有明显的容易清扫的少量垃圾时，比如洒落的橘子皮，才邀请孩子清扫，同时三岁以下的幼儿需要一个弓形扫地导向引导他们往固定的地方扫垃圾。

擦玻璃

建议月龄： 16～36个月。

工具： 喷水壶、擦玻璃刷、抹布、工具篮、落地窗。

示范：（1）示范用双手握住喷水壶往玻璃上喷水；

（2）喷三下，将喷水壶放入篮子里；

（3）双手握住擦玻璃刷从上往下刷，一直刷到窗户底部；

（4）当孩子认为玻璃擦干净了以后，指给他看刷子上的水；

（5）用抹布将水擦干；

（6）再用抹布将窗户底部的水擦干。

提示： 喷水壶里只放一点水，避免孩子往玻璃上喷过多的水。准备孩子能握得住的喷水壶和擦玻璃刷是关键。

擦镜子

建议月龄： 20 ～ 36 个月。

工具： 梳妆台上的镜子、装有少量无毒鞋油的小盒子、手套抹布、工具盘。

示范：（1）打开装有少量无毒鞋油的小盒子，戴上手套抹布，用手套抹布蘸一点鞋油；

（2）以打圈的方式擦镜子脏的地方；

（3）稍微等一小会儿，用手套抹布的另一面从上到下将鞋油擦掉；

（4）当孩子不愿意继续时，示范如何收拾；

（5）带孩子洗手。

提示： 也可以擦穿衣镜。不要吹干镜子上的油，教孩子学会等待。

木饰打蜡

建议月龄： 20 ～ 36 个月。

工具： 木饰摆件、装有少量木蜡油的小盒子、小碟子、手套抹布、衬垫、工具篮。

示范：（1）将衬垫铺展开；

（2）打开装有少量木蜡油的小盒子，往小碟子里倒入一点木蜡油，盖上盒盖；

（3）戴上手套抹布，蘸一点木蜡油，以打圈的方式擦木饰摆件；

（4）当孩子不想继续时，示范如何收拾。

提示： 还可以擦拭木头椅子、木制乐器、木头玩具等。小盒子里只放一点儿木蜡油，可用橄榄油代替木蜡油。

浇花

建议月龄：18～36个月。

工具：花盆、长嘴浇水壶。

示范：（1）一只手提着长嘴浇水壶的把手，另一只手扶着壶嘴；

（2）站在植物旁边，一只手拨开叶子，另一只手用壶浇水；

（3）左右走动换位置浇水；

（4）给另一盆花浇水；

（5）当孩子不想继续时，示范如何收拾。

提示：提前将壶里倒入适量的水，以免浇太多水。花盆下边最好放置防止漏水的盘子。等孩子走路很稳后，就可以开始让他练习浇花。

插花

建议月龄： 18 ～ 36 个月。

工具： 数枝花、两个花瓶、水壶、漏斗、海绵、工具盘。

示范：（1）大人和孩子各选一枝花放在工具盘里；
（2）用水壶取水后放在工具盘中；
（3）展示漏斗，尤其是漏斗嘴，将漏斗放在一个花瓶口上；
（4）将水壶里的水倒入花瓶，约 2/3 的位置；
（5）拿出漏斗，将花插入花瓶；
（6）让孩子插另一个花瓶；
（7）插完之后可以和孩子继续选择更多花，插入同一个花瓶；
（8）当孩子不想继续时，请孩子将花瓶放到喜欢的位置上；
（9）示范如何收拾。

提示： 两岁之后可以和孩子讨论如何插花才能更好看。

洗手绢

建议月龄： 24 ～ 36 个月。

工具： 浴室水池、幼儿搓衣板、梯凳、肥皂、肥皂盒、洗衣筐、手绢。

示范：（1）将幼儿搓衣板支在浴室水池中；

（2）将要洗的手绢放到幼儿搓衣板上面；

（3）打开水龙头，淋湿手绢；

（4）展开手绢；

（5）一只手固定手绢一个对角，另一只手将肥皂搓到手绢上；

（6）两手从上往下搓平铺的手绢，直到搓起很多泡沫；

（7）将手绢翻过来，以同样的方式打肥皂，然后搓手绢；

（8）打开水龙头反复冲洗；

（9）关掉水龙头，一只手揪着手绢一个对角，另一只手往下滤干；

（10）将手绢放入洗衣筐；

（11）直到孩子不想再洗，示范如何收拾。

提示： 还可以洗小内裤、小抹布等。可以准备一个低矮的小水池，让孩子自己用水壶接水，倒入小水池中。

晾手绢

建议月龄： 18～36个月。

工具： 在阳台上准备一根适合孩子高度的晾衣绳、洗好的手绢、洗衣筐。

示范：（1）双手提着装有洗好的手绢的洗衣筐，将其放于晾衣绳旁边；

（2）两手提着手绢的两角，从绳子后面往前挂；

（3）挂完所有洗好的衣物，将洗衣筐放回。

提示： 也可以晾晒其他小物件，如袜子、内裤等。等孩子两岁到两岁半时，可以学习使用晾衣小夹子。也可以在室内准备一个小型晾衣架。

叠手绢

建议月龄： 18～36个月。

工具： 晾干的手绢、收纳筐。

示范：（1）将一块晾干的手绢放在桌子上；

（2）两手抓着手绢下方两角往上叠；

（3）对齐上方两角后，用手铺平手绢；

（4）将手绢转90度，两手抓下方两角往上叠；

（5）对齐上方两角后，用手铺平手绢；

（6）将叠好的手绢放入收纳筐中；

（7）继续叠其他手绢，直到孩子不想继续。

提示： 也可以用同样的方式叠比较方正的小毛巾、小背心等。

除此之外，孩子可以参与的家务还有很多，比如照顾小动物、种植小花或者芽菜、铺床、给袜子配对、将脏衣服放进洗衣机、为客人准备茶水等。我们这里提供的范例只是抛砖引玉。

有关食物的亲子活动

在中国社会，吃也是社交的一部分，孩子为全家人准备食物、盛饭、端菜、收拾餐桌和洗碗，既是学习自理的活动，也是学习承担责任、照顾别人的过程。孩子能从其中积累饮食社交经验，以便未来应用到不同的集体生活当中。

如果孩子不爱吃饭，我们不妨试着带孩子去农贸市场或者超市购买食材，照着清单和孩子一起寻找要买的蔬菜水果，或者和孩子谈论食物的名称、颜色、气味，也可以和孩子一起种植一些果蔬，或是去地里采摘。我们还可以让孩子自己动手准备食物，了解饭桌上食物的原样，以及每种食材怎么洗、怎么切、怎么煮，这些都可能提高他对吃饭的兴趣。

如果孩子不爱喝水，我们不能强迫他喝，和他一起压榨柠檬汁，一起泡杯水果茶，或者给他设计一个自主倒水的环境，都是引导他自觉喝水的小窍门。尤其对于1～3岁的孩子来说，耳提面命只会起反作用，我们需要通过改变环境和设计活动来潜移默化地影响孩子。

关系到食物，自然离不开厨房，孩子对厨房非常感兴趣，因为大人总在那里忙来忙去，那里有太多新奇的玩意儿。厨房又是儿童事故频发的地方，但也不能因此就不允许孩子进入厨房。我们要做的是提前做好安全措施，包括火、刀、水、电等方面，还要做好收纳工作。即便做好了准备，在孩子进入厨房后，我们也应该保持警觉，时刻观察哪里还有潜在的危险。如果条件不允许，我们也可以在厨房旁边给孩子创设单独的工作环境。我们可以准备三个区域。

1. 收纳区

腾出一个孩子能够得着的小抽屉，用来收纳他自己的餐具和厨具，也可以单独准备一个收纳柜。

2. 零食自助区

在一个孩子能够得着的地方，或者在收纳柜里，准备很少量的分袋或者分罐装健康零食，孩子可以自取。在两餐间，孩子可能会饿，所以提供有限的零食补充体力也是必要的。为了保证孩子在正餐时有好胃口，要在正餐前一个半到两个小时前，将这些零食拿走。

3. 工作区

准备一个厨房专用梯凳，等孩子可以站稳后，就能自己爬上去洗碗和准备食物了，空间允许的话，也可以准备一套小桌子、小椅子，让孩子可以在厨房坐下来削皮、切菜等。

在厨房可以和孩子一起进行的活动有很多，比如剥香蕉皮、橘子皮、鸡蛋壳，削黄瓜皮、胡萝卜皮，洗和切各种水果和蔬菜，还可以摊煎饼、拌沙拉，等等。

让我们和孩子都系上围裙，一起开始吧！

和面

建议月龄： 24 ～ 36 个月。

工具： 面粉、适量发酵粉、小碗、装有水的水杯、和面盆、纱布、案板。

示范：（1）将一部分发酵粉倒入小碗里，剩下的让孩子倒；

（2）让孩子将水杯里的水倒适量到小碗里；

（3）示范用勺子搅拌，然后让孩子搅拌；

（4）和孩子一起将面粉倒入和面盆；

（5）和孩子一起将水杯里剩余的水倒入和面盆，同时和孩子一起搅拌；

（6）请孩子将搅拌好的酵母倒入和面盆；

（7）继续搅拌；

（8）将一些面粉撒到案板上，让孩子也撒一些；

（9）请孩子将面团放到案板上；

（10）用手揉面团，然后让孩子揉；

（11）如果面团太稀，请孩子多撒一些面粉在案板上，继续揉；

（12）等到面团成型，请孩子将面团放入和面盆；

（13）一起将和面盆放到一个温暖的地方；

（14）用纱布将面团盖上；

（15）回来一起清洁桌面；

（16）和孩子一起洗手。

提示： 面粉发酵好后，可以继续制作馒头。搅拌面团之前加入适量盐或者糖，放入烤箱可以制作面包。如果孩子要吃面粉，我们要温和地告诉他要等一会儿才能吃。可以根据孩子的手部协调能力和力量，给予适当帮助。

压柠檬汁

建议月龄：18～36个月。

工具：切好的柠檬片、大小工具盘、小夹子、两个小碟子、压汁器、倒水杯、水杯、可以喝的清水。

示范：（1）将几片柠檬放到一个小碟子里；

（2）将放有柠檬的小碟子、小夹子和压汁器的小工具盘放到面前的大工具盘中；

（3）打开压汁器，用夹子夹一片柠檬放入压汁器；

（4）用两只手压出一点柠檬汁让孩子看；

（5）将倒水杯放到面前，将压汁器里的柠檬汁倒入倒水杯；

（6）打开压汁器，用夹子将剩下的柠檬皮夹出来并放入另一个小碟子里；

（7）让孩子继续重复操作（3）—（6），直到他没有兴趣；

（8）将压好的柠檬汁倒入孩子常用的水杯中，再在水杯中加入适量可以喝的清水；

（9）和孩子一起收拾。

提示：除了柠檬，还可以压橙汁、黄瓜汁、哈密瓜汁等。当孩子不喜欢喝水的时候，可以和他一起做这个活动，喝水会变得更有趣。

剥鸡蛋、切鸡蛋

建议月龄：剥鸡蛋，12～36个月；切鸡蛋，18～36个月。

工具：工具盘、鸡蛋容器、鸡蛋、小勺子、放蛋壳的小碗、压蛋器、盛鸡蛋的盘子、案板。

示范：（1）将鸡蛋连同盛鸡蛋的容器一并放在案板上；

（2）用小勺子从不同方向轻轻敲开鸡蛋；

（3）一点点将鸡蛋壳剥下来放到小碗里；

（4）让孩子检查一下是否还有蛋壳没有剥落下来；

（5）将工具盘上的压蛋器放到案板上，打开；

（6）将剥好的鸡蛋放入压蛋器，合上压蛋器，两手往下压一点；

（7）让孩子继续压到底；

（8）打开压蛋器，一只手将压好的鸡蛋拿出来，放到盛鸡蛋的盘子里；

（9）如果孩子感兴趣，可以继续为家里其他人剥鸡蛋、切鸡蛋；

（10）和孩子一起收拾。

提示：可以在孩子一岁左右时示范如何剥鸡蛋，一岁半左右时示范如何切鸡蛋。也许刚开始时，鸡蛋常被压成碎末，这时可以用勺子将鸡蛋收起来放到碗里做成沙拉酱，或者拌到粥里吃。还可以和孩子一起研磨蛋壳，将磨碎的蛋壳放到花盆里当肥料。

切苹果

建议月龄： 18～36个月。

工具： 工具盘、切成两半的苹果、案板、苹果切、小碟子、小夹子、垃圾桶。

示范：（1）将切成两半的苹果的平的一侧放到案板上，站着用苹果切切苹果；

（2）一块块切苹果时，让孩子注意苹果核；

（3）用夹子把苹果核夹出来，说："这个部分我们不需要，将它扔到垃圾桶"；

（4）当孩子扔掉苹果核后，继续将苹果一块块切好；

（5）将一块块苹果用夹子夹到小碟子里；

（6）如果孩子感兴趣，可以继续切另一半苹果；

（7）和孩子一起收拾。

提示： 可以用同样的方法切梨。让孩子用叉子享用切好的苹果。

洗碗并晾干

建议月龄： 24～36个月。

工具： 洗碗池、洗碗刷、洗碗盆、装有洗碗液的小试管、厨房梯凳、防水围裙、待洗的碗。

示范：（1）和孩子一起穿上防水围裙；

（2）让孩子站上厨房梯凳；

（3）站在凳子一侧，把洗碗盆放在洗碗池中；

（4）示范如何洗碗；

（5）打开水龙头，等洗碗盆里接满水后关掉水龙头；

（6）打开小试管，滴两滴洗碗液到洗碗盆中；

（7）用手左右搅动，搅出很多泡泡；

（8）将待洗的碗放入洗碗盆中，用洗碗刷刷；

（9）刷完放到一侧，让孩子刷自己的碗；

（10）等孩子刷完自己的碗后，将洗碗盆中的水倒掉，打开水龙头再次接满清水；

（11）将洗好的碗一件件在盆中涮洗干净，在水池上方沥干水分，放到平常晾干的地方。

提示： 小试管里只放一点洗碗液。如果水龙头无法控制水的温度，告诉孩子如何不打开热水，并在一旁监督，以防意外发生。如果孩子要刷洗勺子、叉子或者杯子，如同洗碗一样，父母先要示范如何正确洗刷这些餐具。

通过上面的一些例子，父母可以举一反三，设计更多的厨房亲子活动。除了准备食物和洗碗、晾碗，每次开饭前，孩子还可以为大家准备勺子、筷子和碗，一次只运送一件。孩子也可以帮忙端一些分量不重的菜。

在孩子运送餐具和菜品的过程中，我们可以提醒他："是不是妈妈还没有筷子啊？已经拿了几个碗啦？"这也能帮助孩子理解一对一的数学概念。

当孩子坐上餐椅后，可以让他自己铺开餐垫，摆放碗、勺子、叉子和杯子。吃完饭，孩子也可以将餐具一件件运送回厨房。

艺术启蒙

带孩子多看美的事物便是最好的艺术启蒙，比如在家里合适的地方挂些优美的画。仔细看每个月龄段的儿童房间设计图，墙上都有一些关于动物、植物、风景、亲子等主题的画，常换常新，孩子特别钟爱的画可以一直保留。也可以带孩子去参观艺术展，或是一起欣赏美丽的画册。

看到孩子的涂鸦，父母常常会忍不住夸赞："画得真漂亮！"但是我们并不推荐这么做。孩子是天生的艺术家，他们想画就画，他们通过画笔表达一切，因为他们还不像成人可以通过语言或者文字来表达复杂的内心世界。外在的赞美很容易误导孩子，使他背离创作表达的本能。我们可以将孩子的画挂起来或者装订成册保存好，这便是对孩子的艺术表达更含蓄、恰当且有正面导向的鼓励。我们也不需要指导他们作画，用我们的固有思维去限制孩子的表达，如果他们将蓝天画成绿色，那是他们的自由。

其实父母会发现，在孩子真正开始涂鸦之前，他们就已经用手在糊糊里画画了。这是他们最初的探索。法国是比较注重艺术启蒙的国家，在法国的托儿所，宝宝从能坐起来起就开始玩颜料了。他们还没形成明确的惯用手，长期都会两手并用，长时间停留在点和线的阶段。当他们偶尔发现自己能在纸上留下印记时，会为此感到非常惊讶。

一般快到两岁时，孩子们才开始画一堆圆圈，然后开始画分离的单个圆圈，这说明他们意识到了自我的个体存在，这是心智的一大飞跃。

孩子在开始艺术创作之前，需要我们给他们示范工具的用法，我们也只画最简单的点和线就好，这不是显示自己高超绘画技术的时候。成人的画会限制孩子的想象，我们随手的写实画都会打击孩子表达的自信，在成人的误导下，孩子会觉得自己画得不像，便不想再画了。切忌任何艺术教学，鼓励孩子自由自在地表达。

当我们发现女儿开始喜欢蹲下或者趴着画时，也常常直接将她放置到浴缸中让她玩手指画。

画画有助于形成最早的空间认知。法国艺术启蒙比较流行身体彩绘，身体彩绘可以帮助孩子更好地认知自己的身体意象，这对儿童的心理健康发展有着非常重要的作用。

蜡笔

建议月龄：13 ～ 36 个月。

提示：孩子刚开始作画时很容易画出纸的边界，所以要准备一个衬垫，避免画到桌子上。开始时可以用一种基础颜色，等孩子逐渐掌握多种用法后，再换不同的颜色，也可以同时使用两种或者三种颜色。握蜡笔可以为以后学习握笔姿势做准备。如果孩子习惯将蜡笔放入嘴里，可以过段时间再尝试。

粉笔

建议月龄：13 ～ 36 个月。

提示：可以用画架式小黑板，也可以准备一面黑板墙。在孩子习惯用粉笔作画后，我们就要给他示范如何用抹布清理画板。

油画

建议月龄： 16 ~ 36 个月。

提示： 画油画必须穿上画画罩衣，在画架旁边准备好裁剪好的纸张。还可以在户外带孩子玩手指油画。每次画完，必要时用指甲刷仔细清洁孩子指甲缝里的颜料。

黏土

建议月龄： 18 ~ 36 个月。

提示： 优先选择黏土和彩泥，其次是橡皮泥。因为橡皮泥质地太软，不足以锻炼孩子的手部肌肉。我们可以给孩子示范如何将黏土或彩泥揉成长条或者小球。

水彩

建议月龄：24 ～ 36 个月。

提示：用水彩作画时必须穿上画画罩衣。推荐水彩而不是彩色铅笔，否则孩子容易将其和铅笔混淆。

语言启蒙

这个阶段，宝宝蹦出来的一两个字词有时候代表着一大段话。刚开始说话的时候，一个词可能意义过窄，比如“小狗”仅仅指自己家的那条小狗，之后更多情况下则会是意义过宽，“小狗”可能就代表了所有四条腿的动物。

大约一岁半以后，宝宝就能够说简单的双词句了，我们将其称为“电报句”。“电报句”常常是“形容词 + 名词”或者“名词 + 动词”的形式，省略了很多不太重要的词。他们会说的句子越来越多，错误也越来越多，出现错误时我们 不要纠正，轻描淡写地用正确方式重复一次就好。他们这时也会开始使用“高兴”“生气”等词来表达情绪。两岁之后，他们会开始努力表达一切想要表达的，即使错误百出。

如果孩子在走路后还不能听从简单的指令，在两岁后还不能用词汇表达自己的想法，到了三岁还不会使用简单的句子，就可能有语言障碍。父母一定要尽早咨询专业人士，看是否是神经系统方面的问题，越早发现，越有利于治疗。

孩子还会出现一些发音连接问题，比如口齿不清和口吃。两岁到两岁半阶段，口吃现象比较普遍，因为他们此时的语言能力赶不上大脑的运转速度，所以会出现暂时性口吃。父母此时千万不要纠正他们，耐心地等待他们说完，大多数情况下口吃现象会自然消失。和我们往常的习惯不同的是，与孩子交流也要尽量使用“我、你、他”，这对孩子自我认可阶段的顺利过渡是很有帮助的。

蒙妈日记

我们都会不自觉地和孩子用名称代替“你、我、他”，比如“妈妈给宝宝做饭吧”。

推荐的做法是父母从一开始就习惯和孩子直接用人

称代词，比如“我给你做饭吧”。即便知道，我也总是习惯用第一种方式，直到意识到了才会立马改过来。

于是女儿很早就喜欢用“你、我、他”，但是她会乱用，根本分不清“你、我”。人称代词把她搞得头昏脑涨，她经常愣住琢磨为什么一会儿是“你”，然后又变成“我”了。

这两天突然发现，她在很自豪地正确使用“你、我”了。

我不禁回想起老师讲过：自我认可期开始的标志是“me、mine、no”这些词汇，结束的标志是“I”。到中文里，结束的标志应该就是分清楚“你、我”了吧，就像女儿不再说“蔓蔓怎样怎样”，而说“我怎样怎样”。

语言和认知发展有时候紧密相关。或许这意味着女儿很快就要度过磨人的自我认可期了。

我们推荐对话式的口语交流方式，而不要用命令式语句，因为孩子是通过社交来习得语言的。同时也要尽量少让孩子接触电子产品，因为长时间盯着屏幕听里面的人说话，对语言发展毫无益处。

在两岁或者两岁半后，当孩子能自如地表达很多想法以后，也推荐对话式亲子阅读的方式。我们可以在恰当的时机提问，提问的形式也不仅限于是与否，可以联系孩子的现实生活提出更具有开放性的问题。随着孩子的回答，继而提出更多的问题，也可以重复孩子的回答，在孩子回答的基础上用更丰富的语言进行完善，还可以就书中的内容提供包括词汇、社交、文字、故事结构等方面的知识。

1. 利用实物、模型和卡片

重视语言发展意义重大，因此我们在家可以用不同的方法来促进孩子的语言发展。除了前两个月龄阶段讲过的语言启蒙方式，在这个月龄段，我们还可以借用实物、模型和卡片等和孩子做一些辅助语言发展的小游戏。

至于应该怎样使用实物、模型和卡片进行辅助语言发展的游戏，可参考 5～12 月龄段讲过的实物指认游戏，这种游戏在此月龄段依然适用。

对于一些不容易带入家庭的实物，比如动物，我们可以用小模型代替，熟悉了模型名称后，再引入相对应的卡片，让孩子玩模型和卡片的配对游戏。我们在家布置了一个小农场和一个小森林，里面都是各种动物模型，女儿非常感兴趣，这也极大地促进了她的语言发展。

生活中所有的物品都可以制作成卡片介绍给孩子。我们可以和孩子玩各种各样的卡片游戏，以此来巩固他的词汇记忆。

2. 结合感官游戏拓展词汇

孩子一岁半以后，父母可以结合开发感官的游戏，利用身边的一切来帮孩子拓展词汇量。

- **视觉：**分辨大小、长短，认识形状、颜色，比如用硬纸板剪出正方形、三角形、圆形来让孩子认识形状。

- **听觉**：听生活中的各种声音，比如揉搓纸张的声音，用筷子敲打不同杯、碗的声音等。
- **触觉**：触摸不同材质的布料，比如丝绸、天鹅绒等，或者将一些材质不同的物品放在孩子面前让他摸，当他摸到硬质的物品时就说“硬”，当他摸到软质的物品时就说“软”。之后当他再摸到硬质的实物比如积木时，就说“硬的积木”，摸到软质的物品比如枕头时，就说“软的枕头”。每次说“硬”的时候用比较强硬的声音，说“软”的时候用比较温柔的声音。
- **味觉**：在三杯水中分别放入盐、糖、醋，通过品尝让孩子学习“咸、甜、酸”，或者通过品尝不同口感的苹果，用生动的语言给孩子描述口感差异。
- **嗅觉**：让孩子闻不同水果或者不同花草的味道。

需要注意的是，成人可以记忆七个要素，但是幼儿只能记住两到三个，这就是为什么他们只能用简短的语句表达。因此我们提供的感官比较游戏，每次只能专注于一个兴趣点，比如在视觉游戏中，要么就是形状一样、颜色不同，要么就是颜色一样、形状不同，不能形状和颜色都不同，否则他们会产生分辨困难。

户外运动

这个阶段的孩子尤其喜欢搬重的、体积大的物体，我们不要急于帮忙，应该允许孩子使出全身力气来完成挑战。在户外可以通过攀爬、滑、拉、推、跳、吊、跑、骑等活动来辅助孩子的大动作发展。

孩子的走路技能逐渐成熟后，他们便开始喜欢挑战各种高难度的走路方式，比如倒着走、横着走、推着走、走很窄的台阶或者圆木等。父母可以牵着孩子的手走很远的路，带着他一起探索更广阔的世界，认识大海、森林、草原、峡谷等。

蒙妈日记

女儿的大动作发展要慢不少，但是两岁之后也很少让我抱了。在两岁前，我就常常告诉她我腰疼。两岁以后，我也常常夸张地赞叹她说：“蔓蔓长大好多呀！”“好高呀！”“大孩子了！”还假装抱她但是抱不动：“天啊，现在这么重了，我一点儿都抱不动了！”

每次上楼梯，她让我抱时，我就假装抱不动，坐在楼梯上大口喘气。女儿不想自己上楼，就故意磨蹭。我一边喘气一边说：“不要着急，慢点上楼，上一个台阶休息一会儿，再休息一会儿吧，太快了，我跟不上你了……”

果然小棉袄女儿自此不再缠着让我抱了，上楼越来越利索，每次出门能长途跋涉好几个小时。

还要尽量多带孩子去接近大自然，感受四季和天气的变化，下雪了就去堆雪人，下雨了就去踩雨水，春天吹蒲公英，秋天捡落叶……和孩子一起收集大自然的各种礼物，石头、叶子、蜗牛壳等，拿回家进行科学观察或者手工制作。

益智玩具

在孩子的任何一个月龄阶段，我们都不提倡跟风购买过多的玩具。玩具需要少而精，精就是要有益于孩子当下的发展，舍弃那些不需要多少手脑参与的电动玩具。下面介绍一些蒙氏教具和活动，我们还推荐那些建构类的益智玩具，如乐高、积木、磁力片等。

此外，我们还可以巧妙利用身边的材料为孩子自制玩具，比如从两岁开始，女儿最喜欢的粘贴、剪和缝纫三项活动，就是通过我们自己制作的贴纸、剪刀和缝纫的小工具盒来实现的。

套环

建议月龄：15 个月。

提示：这个曲形套环可以让孩子练习转动手腕。

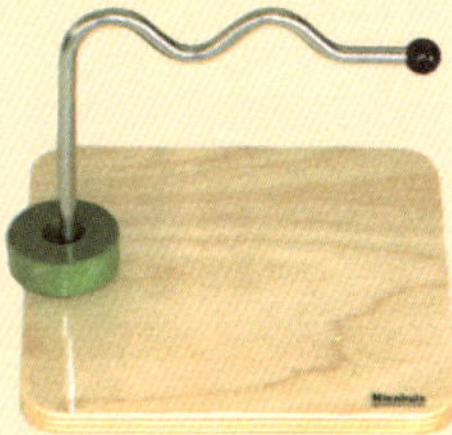

串珠子

建议月龄：16 ～ 36 个月。

提示：根据孩子精细动作的发展程度，提供由易到难的串珠子活动，还可以用小珠子制作项链、手链。

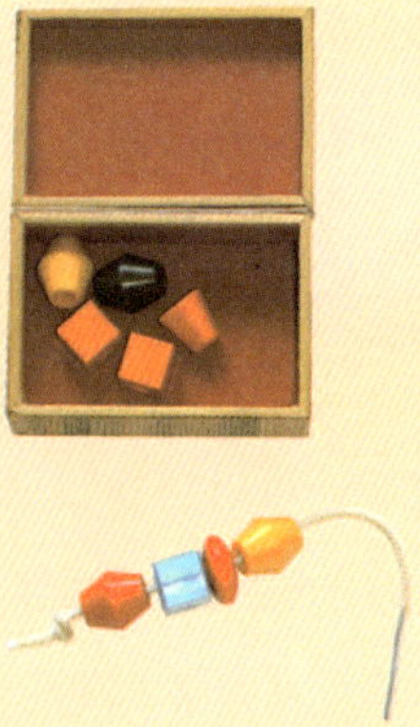

形状嵌盒

建议月龄： 16 个月。

提示： 如果玩具同时有多个形状嵌洞，只给孩子可以完成的形状嵌块即可。

存钱罐

建议月龄： 17 个月。

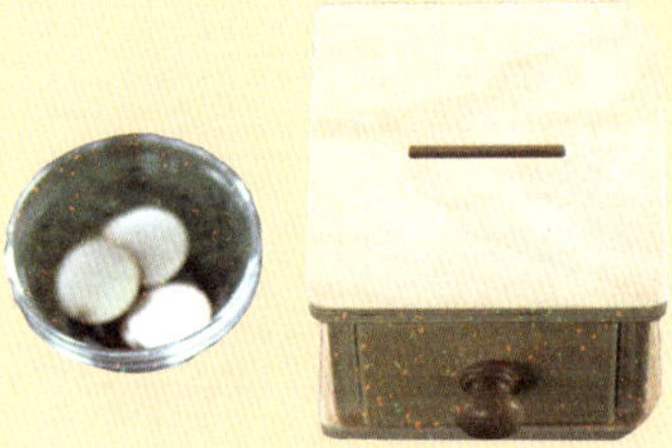

提示： 也可以用家里的存钱罐，但是要用安全、干净的工具替代硬币。

分类配对

建议月龄： 18 个月。

提示： 可以用石头、贝壳、纽扣、袜子等，根据不同的材质、颜色、形状、大小等进行分类或者配对。

拼图

建议月龄：16～36个月。

提示：根据孩子精细动作的发展程度给他提供相应难度的拼板，块数也要逐渐增加。开始时尽量选择带有小把手的拼图，锻炼三指的抓握。后期逐渐增加拼板数量，并且开始拼接整块完整图形。

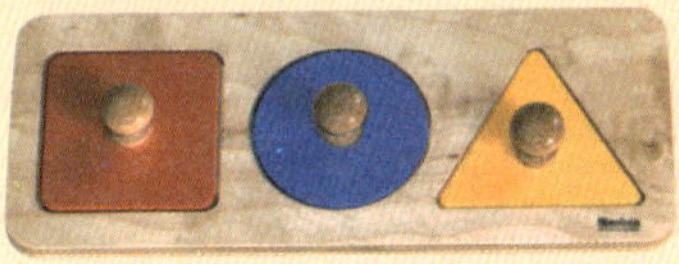

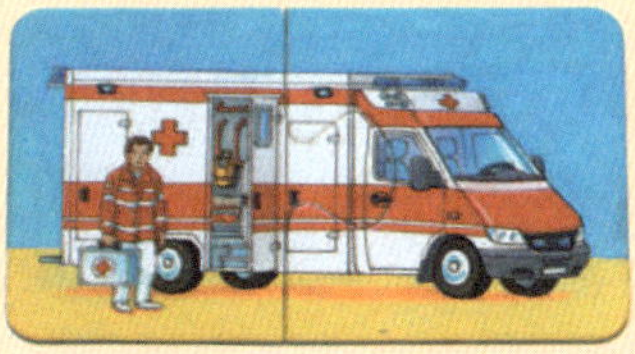

神秘袋

建议月龄： 24～36个月

工具： 束口袋（神秘袋）、衬垫、安全小物品。

示范：（1）示范如何将神秘袋打开；

（2）逐个介绍神秘袋内的物品；

（3）告诉孩子物品名称，让孩子重复名称并观察、把玩这个物品；

（4）将这些物品全部摆放在衬垫上；

（5）说物品名称，让孩子将听到的物品放回袋子里；

（6）如果孩子拿错了物品，就继续重复说物品名称，直到全部物品都放回袋子里；

（7）将手伸进神秘袋，抬头看别处，摸到一个物品，说："这是……"，然后将这个物品拿出来放到衬垫上；

（8）让孩子模仿并继续，直到将所有物品都拿出来；

（9）一直重复到孩子不想继续；

（10）示范如何将神秘袋拉上，与孩子一起收拾。

提示： 神秘袋中可以放置从生活中随机选取的一些物品。如果放不同种类的物品难度较大，可以选择同一个主题的物品，比如厨房用品，或者浴室用品。也可以是配对物品，保证每个物品有两个，大人把手伸进袋子里摸一个物品，然后让孩子也把手伸进袋子里摸同样的物品。当孩子不认识其中一些物品时，我们要先让孩子学习物品名称，再进行下一步游戏，有时候孩子认识物品但是发音有困难。经常替换袋子中的物品以保持孩子的兴趣。还要注意，要让孩子明确地知道大人没有看，只是在摸袋子里的物品，可以做些夸张的动作，比如眼睛故意看很远的地方。

粘贴

建议月龄：24 ～ 36 个月

工具：粘贴盒、糨糊盒、刷子、刷子架、各种粘贴纸、小布条、裁剪好的白纸。

示范：（1）将粘贴盒盖翻过来放到孩子面前；

（2）将糨糊盒拿出来放在一旁；

（3）将刷子架放到粘贴盒盖上方，将刷子放在刷子架上；

（4）从粘贴盒的小分隔里选一张粘贴纸；

（5）将粘贴纸上有图案的一面朝下；

（6）打开糨糊盒盖，用刷子蘸一点糨糊；

（7）一只手按着粘贴纸一角，另一只手拿着刷子从左到右刷糨糊；

（8）将刷子放回到刷子架上；

（9）取一张裁剪好的白纸放在粘贴盒盖上；

（10）将粘贴纸上带糨糊的一面贴到白纸上；
（11）将小布条压到粘贴纸上，手指用力按，直到粘贴纸牢牢地粘到白纸上；
（12）等孩子成功粘好第一张后，将作品放在一边，继续粘下一张；
（13）当孩子不想继续时，与孩子一起收拾；
（14）每次要和孩子一起将刷子上的糨糊洗干净；
（15）可以将孩子的作品收纳在固定的地方，或者在房间展示出来。

提示：这个粘贴盒可以自制也可以购买，父母可以和孩子一起用粘贴的方式将这个盒子装饰得更漂亮。粘贴纸可以是从废弃的报纸杂志或包装纸上剪的小图案。通过粘贴纸，孩子可以认识不同的颜色和形状。等孩子手法熟练后，可以在一张更大的白纸上粘贴不同的内容，比如动物、花草等。

练习剪

建议月龄：24 ～ 36 个月

工具：剪刀、剪刀包、长条纸、收纳纸条的小盒子、收纳碎纸屑的小桶、工具盘。

示范：（1）将剪刀包放到孩子面前；

（2）一只手压着剪刀包的一头，另一只手缓缓地将剪刀抽出来；

（3）一只手把着剪刀中间，另一只手将拇指和食指穿过剪刀手握的部位；

（4）拇指和食指捏住剪刀，说“开”，拇指和食指松开剪刀，说“闭”；

（5）让孩子重复这个步骤，如果做不到，就反复练习，直到熟练为止；

（6）从收纳纸条的小盒子里拿出一张长条纸；

（7）一只手捏着长条纸一端，另一只手从另一头用剪刀一段段地剪；

（8）让剪下的碎纸条落到工具盘里；

（9）将所有剪下来的碎纸条都放到收纳碎纸屑的小桶里；

（10）当孩子不想再继续时，与孩子一起收拾。

提示：如果孩子无法一只手捏纸条一只手用剪刀，我们可以帮助他捏着纸条。纸条不能太细，也不能太粗，宽度要刚好一剪刀可以剪开。推荐使用小型的真正的剪刀，而不是儿童塑料剪刀。收纳桶里的小纸条可以利用起来做粘贴。

练习缝纫

建议月龄： 24 ～ 36 个月

工具： 针、针筒、一束线团、针插、剪刀、剪刀包、衬垫、顶针、缝纫卡、工具篮。

示范：（1）拿出针插放在衬垫左上方；

（2）拿出收纳针的针筒，打开，平放在桌子上，轻轻地将针滑出来；

（3）将针插在针插上，将针筒放在针插旁边；

（4）拿出剪刀包，放在针筒旁边；

（5）拿出线团，按住线团一头，让孩子牵着选中的那根线往外抽；

（6）将剩下的线团放回篮子，将抽出来的线展开放在桌子上；

（7）拿着针，指给孩子看，说："这边是针头，很尖，这边是针眼，我们一会儿要把线穿过针眼。"

（8）将针插到针插上；

（9）一只手拿着线头，另一只手的食指在嘴中稍稍润湿，然后捻一下线头；

（10）将线头穿过针上的针眼；

（11）将针与线一起放在桌子上，将线的末端打个结（可以和孩子一起完成这个步骤）；

（12）选择一张缝纫卡，一只手拿着缝纫卡，另一只手将针从缝纫卡的第一个小孔上面垂直穿过，当穿到 1/4 处时，将缝纫卡翻过来，让孩子看看，针尖在反面已经冒出来了；

（13）将针带着线穿过小孔，直到线的根部；

（14）将针从这一面穿入第二个小孔，同样，穿到 1/4 处时，翻过去，从另一面穿完，让孩子看看，告诉他：这就是一针；

（15）拿着缝纫卡，让孩子拿着针继续穿第三个孔，直到用同样的方法穿完最后一个孔；

（16）请孩子将针插到针插上；

（17）拿出剪刀，请孩子将线剪开；

（18）放回剪刀，将针孔里剩下的线头拿出；

（19）将做好的缝纫卡片放于一旁，让孩子再选择一张卡片，直到不想继续做；

（20）和孩子一起收拾，将剩下的线头和做好的卡片收纳到固定的地方。

提示：刚开始让孩子练习缝纫的时候，我们需要提供很多帮助，可以帮他拿着卡片，并帮他将卡片翻转。如果孩子还无法剪线头、打结等，我们可以先帮他完成这些部分。也可以先做一些前期准备工作，如在纸片上用铅笔画点，让孩子练习用针刺。

关注孩子的精神世界

一岁之后，尤其在孩子能够自如地走路后，他们的精神世界会随之发生翻天覆地的变化，育儿之路也会变得更具挑战性。在很多过来人眼里，1～3 岁的幼儿非常麻烦，甚至惹人嫌，到了两岁的麻烦高峰期，就直接给他们贴上“可怕的两岁”这张标签，认为这是一群到处乱摸乱跑、不好好睡觉吃饭、不听大人话、经常大喊大叫、从来不能安静地坐上一会儿、而且还脾气大得不得了的“小猴子”。

希瓦娜·蒙塔纳罗博士在《生命重要的前三年》这本书中，阐述了 0～3 岁孩子会遭遇的 4 个危机，其中自我认可危机是最后一个，也是持续时间最长的一个。[45]

蒙妈说

> 如果父母有准备、有耐心、有智慧，将孩子的这种自我意志看作健康、正常的，甚至是令人欣喜的努力，这个自我认可危机其实在孩子两岁左右就可以结束。孩子们并不是故意和我们作对，他们只是在经历一段非常艰难的自我认可危机期。

从一个生命诞生起，就有一股追求独立的最原始动力来支持孩童对环境的探索以及与我们的互动。这个生命一旦意识到自己强大的力量，最早的对抗就开始了。什么是可怕的两岁？那是我们一直忽视的这股力量某一天突然强大到深深地震慑了我们，于是我们就给它冠以“可怕的两岁”这个极度负面的名字。很多父母认为这就是倔强或者执拗，需要纠正。可怕的两岁其实是从不太可怕的一岁以内，到有点可怕的一到两岁，发展到非常可怕的两岁的。

如果父母焦躁、无视，习惯采取对抗模式，那么孩子就远不止有可怕的两岁，将来还会有可怕的3岁、4岁、5岁、6岁、7岁、8岁……

对这个自我认可危机不可小觑，那我们应如何准备、如何应对呢？这里给大家5个锦囊。

锦囊1：观察了解孩子的需求并进行持续的环境准备

经过一年多的观察和认识，我们发现这个阶段的孩子不再像以前的那个小婴儿了，他的需求越来越多，但归根结底，你会发现，这些需求的核心其实就是两个：独立和秩序。

1. 独立

开始自如行走的孩子越来越意识到自己是一个独立的个体，他想通过各种方式证明自己的强大，大人可以做的，他都想尝试挑战。孩子的独立自主不是天生的，需要通过后天努力获得，所以我们要从他生活的环境（环境设计）及活动的内容（自理、家务等），为他们创造条件，帮助他们实现独立的愿望。独立涉及到方方面面的内容，比如独立如厕就是发展自我控制的重要课程，还有语言表达能力的快速提高，内心愿望更容易被亲密的人理解等，也能帮助孩子感觉到更加独立。

现在他可以自如地行走在每个房间里，所以我们要通过巧妙地改造房间细节来全方位地让他感觉到自己的强大，从而增强他的自信心、自尊心。

具备了合适的环境，我们还要为孩子提供条件，让他们参与到日常生活中来，那就是之前大篇幅分享的自理、家务和有关食物的亲子活动等。

除此之外，更重要的是我们要从内心真正将眼前的这个孩子当成一个有思想的独立人类。我们需要像尊重贵宾一样尊重他们完整而独立的人格。我们很可能在童年时期未曾受到这样的礼遇，所以更需要反复提醒自己，不要轻视眼前的这个孩子，不要侵犯他们的权利。

蒙妈日记

最近女儿对一个词很感兴趣，这个词就是：权利。

爸爸总是忍不住抱她、亲她，有时候会引起她的不满："不要亲我！"

我当着女儿的面跟爸爸说："你要先问下蔓蔓能不能亲再亲啊！"然后我告诉女儿，"我们问你能不能亲，如果你不想，你就说'不能'，这是你的权利。"

女儿听得极其认真，这话肯定说到她心坎里去了。于是爸爸立马学以致用："我能不能亲你啊？"

女儿斩钉截铁地说："不能！"脸上还洋溢着自豪。我有点使坏，也跟着问："我能不能亲你啊？"

女儿温柔地贴过脸说："能。"

即将吃晚饭了，女儿忙着玩儿，不去洗手吃饭。爸爸催促，我说："不要叫她了，她很忙，我们先吃吧。"最近我们总是跟这个爱说"不"的两岁娃反其道而行之。

果然女儿一边飞一般地冲向洗手间，一边喊道："我有吃饭的权利！"

2. 秩序

这一阶段，孩子对秩序极为敏感，所以我们在环境中的每个区域都反复提到了收纳，在每项活动的最后也都有收拾的步骤。我们需要尽可能地保持孩子生活环境的秩序，习惯利用各种篮子、收纳筐、盒子、盘子进行分类整理，也要果断舍弃一些当下不用的物品，有规划地储存或者捐送。

我发现不少家庭都习惯于将所有玩具一股脑儿放入一个箱子里，孩子玩耍时再全部倒在地上，晚上睡觉时又全部放回去。这样操作起来是很简单，但你很快就会发现，孩子不仅很少对哪个玩具有长久的兴趣，也很容易烦躁、黏人，于是父母以为是玩具的吸引力不够了，然后又给孩子买一堆玩具放到这个杂货铺一样的箱子里。

这样做实在太浪费了，但这还是其次，更关键的是孩子无法建立起秩序感，也就很难维持环境的秩序，更不会自觉配合收纳玩具。因此在未来，孩子也可能缺乏内在的秩序感，对生活的方方面面都缺乏更强大的规划能力。

在前一个月龄阶段，我们示范并习惯于及时将孩子玩过的玩具和看过的书归回原位。从一岁后，或者更早的时候起，我们就可以邀请孩子一起做这项归位的工作了。即使孩子有时候不愿意收拾，我们也可以直接说：“我来帮你吧，你想要收拾这辆汽车，还是这些积木？”养成一个好习惯需要长期的坚持，在孩子对秩序极为敏感的月龄段，我们做了足够的示范和合作，孩子将很快养成物归原位的好习惯。

我洗完头发着急去厨房关火，便将吹风机放在厨房门口的小桌子上。

一会儿女儿非常严肃地告诉我：“妈妈，这个不能放在这里，应该放在卧室。”

我说：“好的，一会儿我就收回去。”

“妈妈，现在就收吧，不能放这里。”女儿一脸焦虑地看着我。

我赶紧将吹风机收回，强忍着笑。

对我们来说稀松平常的小事，对孩子来说都是头等大事。这种对秩序的热爱，在成人眼里有点像可爱版的强迫症了。

锦囊2：平衡自由与限制

我们在之前的月龄阶段往往更强调自由，而在一岁之后，建议要逐步地给孩子建立界限的意识。可以想象，对于从未体会过环境限制的孩子，父母必然会面对一个更加棘手的自我认可期。在家庭中，父母要从孩子一岁左右开始，摸索如何给孩子制定清晰、明确、稳定且由少到多的规矩。

孩子快到一岁半的时候，这些规矩依旧要清晰、明确、稳定，但是父母要避免制定过多的规矩和限制。因为这个自我认可期常常以孩子说“不”或者摇头拒绝开始，他们要不断挑战这些规矩，过多的规矩会让他们产生挫败感。他们的“不”有时候只是为了表达自己可以说“不”的能力，与内容无关。

为了预防他们无休止地“不、不、不”，可以给他们提供简单的选择而不是提问，不要问“你吃不吃米饭？”这样的问题，可以改成“你要喝汤还是吃米饭？”但是随着孩子认知的发展，提供选择可能也不再奏效。

他们需要习得一些语句的区别，比如“这件事最好不要做”“这件事不可以做”与“这件事完全不能做”。

拒绝孩子的时候，不要说“你太小了”或者“你还做不到”之类的话，直接告诉他“你不可以做”。要简单明确地告诉他，让他知道父母的权威和底线。当然他可能会一再挑战这个底线，但是当得到持续一致的拒绝后，他反而会踏实地尊重这个底线，内心得到更大的安全感。

在这个阶段，父母要保留最重要的权威，在有商量余地的情况下，应尽量给予孩子自由和妥协，否则容易与孩子陷入长久的对抗模式。为了减少不必要的对抗，可以提前预防，比如在离开游乐场之前要提前告诉孩子一会儿就要离开了，不过到时候他很可能还是照样说“不”，但是强度要比直接通告低很多。父母也要经常通过鼓励、合作和游戏的方式来避免直接对抗。

今天提前说好我出门办事，爸爸带她去逛超市。可是准备出门的时候，她非要跟我走。

我用一分钟时间拿出她比较喜欢的一个本子，画了几个购物清单，认真叮嘱她：“一定要帮我买这些东西，爸爸总是忘记，你要提醒他哦。”

然后我认真地和爸爸说：“这是蔓蔓的本子，你可不要拿哦，让蔓蔓来负责买东西。”

蔓蔓顿时两眼发光，兴奋得恨不能立马去超市，自己就跑去戴帽子穿鞋，还拿上本子给爸爸念要买的东西。我见好就收，赶紧出发。

如果你想和孩子到青春期也保持信任关系的话，千万不要通过暴力解决问题，打骂只会强化这个你不喜欢的行为，还会深深伤害孩子的自尊心。

顺利的话，接近两岁，孩子会开始容易接受更多的限制，也能等待更长时间。

这个阶段，孩子容易摔跤和烧伤，因为他们哪里都想摸，又跑又爬又跳，一刻不停息。我们不能因此就阻碍孩子自由活动的权利。一旦孩子受伤，我们首先需要安慰他：“是不是很疼啊？”但也不要忘记安全教育，等孩子情绪过去以后，要告诉他为什么会受伤，还有该注意些什么。这种猝不及防且刚刚发生过的事故往往能帮助他们习得因果联系，建立安全意识。

此外还要注意的是，一岁半左右的孩子已经有了和青少年差不多的鉴赏力，所以在房间装饰、衣服搭配上尽量也要咨询他们的意见。

锦囊3：不给予成人标准的社交期待

当孩子有了更多的社交活动，也便有了更多的社交冲突，这时父母往往容易强迫孩子主动道歉或者跟其他孩子分享玩具。在这个自我认可期，这是非常不提倡的方式。

自我认可期开始的标志就是“我的”“不”这些词汇的频繁出场，在孩子眼里，一切都是他的，我们只有在这个阶段不强迫他分享，他才有可能在4岁以后出现自发式的分享。而强迫道歉并不能让孩子真正理解道歉的含义，最好的办法就是做好道歉的榜样，事后引导孩子观察、理解对方的立场和情绪。

礼貌教养的养成，最好的办法就是成人的示范。三岁以下的孩子听不进任何说教，但是会很轻松自然地吸收身边环境中的一切内容，不论好坏，所以这时候身教的重要性尤为突出。但是我们不能急于求成，身教不可能看到立竿见影的效果。我们示范，不是为了让孩子立马照做。

婴幼儿的吸收性心智使他们将看到、听到的一切行为都储存起来，所以他们旁观某个行为的机会越多，未来在他们生活中再现的机会也越多。在心理学中，这叫“延迟模仿”，所以在0～3岁的婴幼儿面前，不要低估我们每个行为动作的影响力。

我一直耐心等待孩子真心实意的自发性分享行为，而不是迫于大人的压力，不情不愿地去分享。我告诉她：“你的东西你有权利支配。”

那天，女儿在喝从来没喝过的甜味酸奶，恰巧她的好伙伴、小妹妹爱美丽在旁边。爱美丽眼巴巴地看着，吵着要喝。我也只能厚着脸皮不吱声。女儿边喝边瞅着小妹妹，好半天才字正腔圆地对我说：“给爱美丽喝一点吧。”

我和爱美丽的妈妈都乐开了花，爱美丽的妈妈拿来一个小杯子，女儿亲自倒了大半杯。然后两个女孩喜滋滋地一起喝了起来。

按常规来说，孩子要到 4 岁之后才会出现自发性分享行为。但我观察到不少孩子不到一岁就开始有偶尔的自发分享。在一个尊重物权的环境中，孩子这种偶发式的分享会越来越多。

这是女儿两岁后让我印象最深刻的一次自发分享。

锦囊 4：进入集体环境

在幼儿的走路技能很娴熟之后，他们就开始需要集体环境了。即使家庭提供了足够丰富、迎合孩子发展的活动，他们依然可能会感觉无聊和烦躁，尤其对于精力旺盛的孩子来说，他们需要更广阔的环境，更多的社交活动，这时便是进入集体环境的最佳时刻，孩子需要，父母也需要。处于自我认可期的幼儿，对父母陪伴的要求很高，更多的耐心和理性，不是所有父母在所有时刻都能做到的。

进入集体环境，对孩子和父母都是好事，不过理想的是，每天离开家庭的时间最好不超过 5 个小时，其余时间还是与家人在一起为好。

还有，集体环境的质量尤其重要，因为它会在很大程度上影响孩子的心理发展。瑞典一项研究发现，进入高质量的托儿所会影响孩子小学时期的表现，能让他们有较好的认知、情绪及社交能力的发展。[46]西方已有很多研究得出了相同结果。欧洲很多国家的托幼机构都能给婴幼儿提供丰富、积极的体验和体贴、温暖的照料，而目前中国的托幼机构质量参差不齐，父母也很难鉴别。如果没有放心可靠的托幼机构，建议在家带娃，父母可以通过参加一些早教活动、邻里亲戚孩子的往来和丰富有趣的家庭生活安排来弥补集体环境欠缺的不足。

扫描二维码，
看看靠谱的蒙台梭利托幼机构是什么样的。

锦囊 5：冷静帮助失控的孩子

即使我们满足了孩子对秩序感的需求，提供了丰富有趣的活动让他感到自己足够能干和自信，也没有强迫孩子达到这个年龄段无法理解和接受的成人社交期待，他照样还是会挑战我们的底线，歇斯底里地发脾气。那该怎么办？

可以这样做

“暴风雨”来临时，我们可以尝试以下这些方法：

1. 找到孩子发脾气的原因，问他是否需要帮助，不涉及原则的情况下可以尽量满足他。很多时候，孩子的语言能力还无法表达稍微复杂一点的情绪，有时候他仅仅就是累了、困了或者兴奋过度，依据性格差异，孩子发脾气的强度也因人而异，有的孩子会很暴力，让父母感到他已经完全失控。
2. 涉及人身安全时，我们要暂时通过控制孩子的身体来保证他的安全。

3. 帮助孩子正确地发泄情绪，比如说："你不可以打我，我会很疼，但是可以打这个大鼓。"或是，"让我看看你有多生气，哇，枕头打得这么用力，看来真的很生气啊！"
4. 我们也可以给孩子提供两到三个选择："你是想让妈妈还是爸爸帮你刷牙？"或者提前准备一个注意力转移神秘袋，里面装上他喜欢吃的食物或者玩具。
5. 还可以和孩子保持同样的高度，看着他的眼睛，拥抱他，接纳他的情绪，说出他的心声："你一定特别想吃这块蛋糕。"

如果一切方法都不奏效，那就重新选择介入的时间。孩子发脾气也是"弱强弱"的节奏，在最强的时候，我们只能陪伴在他身边，千万不要在这个时候介入，不然会让这个强度变得更强。等到稍微弱下来的时候，我们再尝试这些方法。底线不可让步，但要在这个时候给予孩子安慰，让他知道妈妈依然爱他。耐心地等待"暴风雨"过去，一切说教在这时都是毫无意义的，甚至会起反作用。接纳、陪伴，并且坚持一贯的原则，我们的孩子会感谢我们所做的一切。

事后我们可以和孩子一起修复混乱的场面，让他知道自己要对自己的行为负责。孩子的情绪来得快去得也快，成人有时却不会，不要为此影响自己的心情，或事后把情绪传导给孩子让他产生负罪感，更不要秋后算账。

每次等到孩子平静下来之后，父母要一起认真观察，分析并找到孩子发脾气的原因，也许是因为新宝宝的出生？或者是居住环境的变化？或者是家庭氛围最近比较紧张？或是我们剥夺了他独立做事的机会？还是日程安排得太满？……将此一一记下来，日后尽量对症下药，避免重蹈覆辙。

有时候在公众场合，父母难免会为此而感到尴尬，如果不能立即离开现场，就尽量不要被周围人的目光影响，保持冷静和智慧，父母乱了阵脚，场面会更加混乱。如果我们在外遇到此番情景，也要理解对方父母，静静离开，不要随意评价。

蒙妈说

“孩子失控，是因为大脑负责自控的前额叶区域远未成熟。父母会控制自己的情绪，孩子才能学会如何控制情绪。我们是否会控制情绪，就要看我们能否冷静地帮助一个失控的孩子。”

传统心理学将这个阶段定义为“可怕的两岁”，如果读者朋友跟随本书的脚步，脚踏实地地去实践，到那时，定会自信地告诉未来的父母：两岁一点都不可怕，相反还很美好，孩子的自我意识得到了充分发展，他们即将迎来更美好的3～6岁。即使未来的成长之路依然不易，但是，父母在最关键的前三年，已经给孩子的一生做好了最放心的准备。

人们对蒙氏教育的八大误区

由于蒙台梭利教育在中国起步晚，加之网络时代，信息碎片化严重，很多人对蒙氏教育，尤其是蒙氏家庭教育一知半解，甚至存在很多误解。我最后在这里给大家正本清源，厘清几个误区。

误区 1：蒙台梭利教育是舶来品，只适合国外家庭。

蒙台梭利教育虽然起源于欧洲，但是在全世界都已开花结果。无论是在北美和西欧的发达国家，还是在非洲和印度的偏远地区，在全世界的每个角落，我们都能发现很多在家实践蒙氏教育的父母。蒙台梭利家庭教育完全不受地域、文化和经济条件的限制，全世界父母都可以将其轻轻松松带回家，让孩子受益。

我们发现中国传统的育儿方法仍然是适应过去农耕时代的方法，如今中国的父母们不得不将其推倒重来，摸索适应现代社会的新教育方式。这本书就是想为迷茫中的中国父母指出切实可行的实践方法，只要在国外经验的基础上稍加改良，我们就可以将蒙氏家庭教育本土化，在家中实践现代教养理念。

比如关于睡眠，我们并没有照搬国外的经验，让孩子睡落地床，而是推荐大家给孩子使用较宽的矮床。我们不反对父母与孩子同睡，但是也提出了很多帮助孩子循序渐进实现独立自主睡眠的建议。每个家庭可以根据自己的实际情况在实践过程中进行调整。宽矮床可进可退，如果孩子顺利实现了独立自主睡眠，宽矮床可以满足孩子安全睡眠和独立上下床的需求；如果孩子很难和妈妈分开，这个床也能满足妈妈陪睡的条件。

误区 2：蒙台梭利教育是一百年前创设的，放到现在有些过时，很难适应当今时代。

蒙台梭利教育理念与其他很多教育理念都不相同，它不仅仅是一种教育哲学。蒙氏教育的几大核心理念已经得到了最新神经生物学和发展心理学的科学验证，是真正的科学教育法之一。而且蒙台梭利博士本人就有很深厚的科学背景，更重要的是，她常年在育儿一线进行观察、研究，两者结合才使她创设了直至今日都非常具有前瞻性的教育方法。

时代在变，但是人心不变，儿童发展规律不变。更可贵的是，蒙台梭利教育理念是世界上极少的已经在大范围内实践成功的教育方法，经过一百年的传承和发展，如今更加成熟、完善，正是适应未来世界个性化教育的最佳教育模式之一。

误区 3：孩子只有在蒙氏学校才能接受纯正的蒙氏教育。

蒙氏教育不是只有在蒙氏学校才能接受的教育，世界各地有无数父母在家中实践蒙氏教育，尤其是在孩子生命中最重要的前三年。国际蒙台梭利协会提出了一套完整、具体的家庭方案，欧美无数家庭已经从睡眠、进餐、护理、活动、心理5大方面积累了丰富的蒙氏家庭教育经验。

大多数父母都是“无证上岗”，所以不论父母们接触了多少蒙台梭利教育理念或方法，对孩子的家庭教育都是有益的。在家实践蒙氏教育没有门槛，难在坚持。很多人心血来潮照猫画虎几下就将其丢在了一边，而在家实践蒙氏教育最忌讳一曝十寒。如有必要，可以加入一些蒙台梭利社群组织，大家一起相互鼓励、启发。书中的“蒙妈日记”便是我分享在社群中的精华，那些都是我在育儿实践中的总结和反思。获取育儿知识很容易，但重要的是融会贯通、日日精进。

误区4：在家实践蒙氏教育必须买很多昂贵的教具或者准备很多蒙氏小活动。

蒙氏教育的核心并不是眼花缭乱的蒙氏教具和蒙氏小活动，在家实践蒙氏教育的关键是从家庭观察和环境设计中，改变以成人为中心的教养态度，实现教养能力的有效提升。在家实践蒙氏教育并不需要购买很多专业、昂贵的蒙氏教具，也不需要马不停蹄地给孩子准备各种蒙氏小活动，只要领会了蒙台梭利教育理念的精髓，随时随地，生活中的一切都是蒙氏教育。

试想一位妈妈给孩子布置了精美的蒙氏家庭环境，每天给孩子设计各种有趣的蒙氏小活动，但她如果因为孩子不享受她的安排而感到焦虑，那便是舍本逐末，没有真正领会蒙氏教育理念的根本：跟随儿童的节奏！

误区 5：只有那些生活优渥，不需要加班、做家务的父母才有可能在家实践蒙氏教育。

很多中国家长都有这样的感受：平时那么忙，哪有时间和精力实践这套蒙台梭利家庭方案？其实这套方案，不论是从睡眠、进餐，还是从护理、活动的各个方面来讲，提出的都是科学、高效的育儿建议。也许刚开始实践起来不是那么容易，但是大家很快就能体会到科学育儿的好处。

在家实践蒙氏教育能让我们少走很多育儿弯路，大大提高育儿效率和质量。对于特别繁忙的父母来说，实践蒙台梭利家庭方案尤其必要。正是由于忙碌的父母给孩子的陪伴时间太少，所以在有限的时间里，我们才更要提高陪伴质量。比如可以带着孩子一起做家务，虽然完成家务的时间更长了，但我们同时也给了孩子最有益的启蒙教育和最宝贵的亲子时间，可谓一举多得。如果因为太忙而忽略了给孩子的教养和陪伴，那孩子在 0 ～ 3 岁积累的问题一定会在未来某个时间爆发，到时就需要父母投入更多的时间和精力去弥补，效果还不一定理想。

误区 6：我们家房间面积很小，没有条件设计那么精致的蒙氏环境。

任何条件的家庭都可以给孩子设计出蒙氏家庭环境，家居面积越小，越需要精巧的设计，家长应高效地利用空间，为孩子开辟出单独的区域。我见过一些即使住在拥挤、狭小的房子里，也照样设计出了适宜孩子发展的家庭环境的父母，能否做到的关键在于是否用心。

在家实践蒙氏教育并不需要完美地实践所有的设计和活动，育儿过程中的细节真的不重要，有没有这个设计、这项活动、这个玩具、这本童书一点都不重要，关键是要跟随眼前的这个孩子，了解他的发展节奏和个性气质，力所能及地为他准备合适的环境，不需要尽善尽美。

误区 7：在家实践蒙氏教育需要全家人通力合作，可现实是只有妈妈一个人在做，爸爸不合作，老人乱插手。

在第 2 章，我分享了法国妈妈敏锐、理性的教养风格和独立、自信的个性气质，她们是蒙氏妈妈的最佳代言。只有当妈妈们有独立决策的能力时，只有当妈妈们对自己的教养理念和方法有足够的自信时，才能不受其他人影响地坚持实践。因为孩子在 0 ～ 3 岁的可塑性非常强，所以妈妈们稍微坚持一下就能看到成效。身边的人只有看到了效果才会认可你的方式，才会主动地配合和实践。而身为妈妈的你，则是用实际行动给身边的人进行了科学教养的启蒙。

第 4 章我们还介绍了在德国爸爸的启发下，蒙氏爸爸参与育儿的方式。我们从中能领会到，爸爸参与育儿的积极性很大程度上依靠妈妈的放手和鼓励。没有一百分的爸爸或者妈妈，但是爸爸妈妈互助合作，可能就会有一百分的家庭教育。

不论我们多么努力，现实中依旧会有很多不完美，我们无法给孩子提供最完美的教养环境，只能尽力而为。在实践过程中，我们要足够洒脱、有智慧，懂得抓大放小，在对的时间不阻碍、不放纵、不摇摆。

误区 8：我在做家庭观察的时候，发现孩子比书中的成长观察记录要落后一些。参考书中的“0 ～ 3 岁蒙台梭利家庭方案图”给孩子设计的一些活动，在对应的月龄，孩子往往做不到。

我们分享自家孩子的成长观察记录，目的不是让父母给孩子的发展做验收。父母不能按照月龄逐条比较孩子的发展是快还是慢。随着月龄的增大，孩子的发展差异也会越来越大，可比性越来越小。这份成长观察记录更多的是给父母提供一个观察的角度。父母要时刻谨记，每个孩子都有独一无二的发展节奏，在家实践蒙氏教育的关键就是发现和跟随孩子的这个发展节奏。只有当孩子出现了长期、明显的发展滞后时，才有必要找专业机构进行评估。

“0 ～ 3 岁蒙台梭利家庭方案图”的设计目的是帮助父母梳理书中关键的实践内容，便于父母对照孩子的月龄做好准备，并不要求孩子必须达到能够完成这项活动的能力。恰恰是因为这些活动有适合的挑战难度，才会引起孩子的深层兴趣，由兴趣引发孩子重复练习，在重复练习中，他们便能达到长时间的专注。专注才能对孩子的大脑实现长期有益的塑造，帮助孩子建构自我。

致谢

虽然写作这本书用时三年，但都是利用育儿工作之外的碎片时间完成的，再加上我们文笔有限，难免会有很多不完美、不严谨之处，恳请读者批评、指正，提出改进意见。

在这里，我们要衷心感谢在本书写作和出版过程中帮助过我们的所有亲人、朋友和老师。

感谢曹栋博士，经这位清华大学美术博士的推荐，我们才认识了同为妈妈的赵晶晶老师。赵老师每次都能将我们的草图用完美的颜色和线条呈现出来，通过她的画笔，相信读者一定能够更加形象地领会蒙台梭利家庭环境的设计理念。

感谢我的老师们，德国的 AMI 3～6 岁国际蒙台梭利培训师玛利亚·罗特（Maria Roth）、美国的 AMI 0～3 岁国际蒙台梭利培训师莎琳·史密斯（Sharlyn Smith），以及法国斯特拉斯堡大学教育学教授亨利·维耶勒–格罗让（Henri Vielle-Grojean）和伊丽莎白·勒尼奥（Elisabeth Regnault），是他们引导我专注地学习、研究、实践儿童教育和蒙台梭利教育。

感谢我们的挚友项志勇和康国旗以及我的高中语文老师姚彩清帮我们修改文字内容。

感谢我们身边的法国妈妈们，包括马蒂娜、艾洛蒂、高丽娜、西尔维等；感谢身边的中国妈妈们，包括陈臻、谢昕、张慧等；感谢知识星球在家蒙台梭利社群的上百位父母、老师们跟我们分享大量育儿实践经验。

感谢陈舒洋、杨超、尹亚梓、顾乔、北北妈、张琴等给予我跟踪观察她们孩子的机会；感谢女儿的蒙台梭利学校给予我入班观察的机会。

感谢我在法国蒙台梭利班级的孩子们，以及邵颖老师和她的儿子瑞瑞、舒洋的女儿朱莉、顾乔的女儿爱美丽友情出镜。

感谢浙江大学神经科学研究所王晓东教授和德国海德堡大学跨学科神经科学中心刘海坤教授为我们的蒙台梭利科学实证提供严谨、专业的支持和意见。

感谢我的出版社朋友金爱民鼓励我开始记录写作；感谢陈禾老师介绍我结识湛庐文化；感谢湛庐文化的季阳老师、方妍老师等用心设计、编辑这本书。

感谢为我倾情作序并推荐的前辈老师们。

当然还要特别感谢我们的爸爸妈妈和弟弟妹妹，是他们无私的支持才让我们坚持三年完成了这本育儿记录和分享。

最后还要感谢我们的女儿吴蔓之，是她给予我们珍贵的机会，让我们能够真正将在家实践蒙台梭利教育的计划变为现实，享受为人父母的喜悦和成就。

参考文献

考虑到环保的因素，也为了节省纸张、降低图书定价，本书编辑制作了电子版的参考文献。

请扫码下载“湛庐阅读”App，
查看本书参考文献内容。

未来，属于终身学习者

我们正在亲历前所未有的变革——互联网改变了信息传递的方式，指数级技术快速发展并颠覆商业世界，人工智能正在侵占越来越多的人类领地。

面对这些变化，我们需要问自己：未来需要什么样的人才？

答案是，成为终身学习者。终身学习意味着具备全面的知识结构、强大的逻辑思考能力和敏锐的感知力。这是一套能够在不断变化中随时重建、更新认知体系的能力。阅读，无疑是帮助我们整合这些能力的最佳途径。

在充满不确定性的时代，答案并不总是简单地出现在书本之中。“读万卷书”不仅要亲自阅读、广泛阅读，也需要我们深入探索好书的内部世界，让知识不再局限于书本之中。

湛庐阅读 App：与最聪明的人共同进化

我们现在推出全新的湛庐阅读 App，它将成为您在书本之外，践行终身学习的场所。

- 不用考虑“读什么”。这里汇集了湛庐所有纸质书、电子书、有声书和各种阅读服务。
- 可以学习“怎么读”。我们提供包括课程、精读班和讲书在内的全方位阅读解决方案。
- 谁来领读？您能最先了解到作者、译者、专家等大咖的前沿洞见，他们是高质量思想的源泉。
- 与谁共读？您将加入优秀的读者和终身学习者的行列，他们对阅读和学习具有持久的热情和源源不断的动力。

在湛庐阅读 App 首页，编辑为您精选了经典书目和优质音视频内容，每天早、中、晚更新，满足您不间断的阅读需求。

【特别专题】【主题书单】【人物特写】等原创专栏，提供专业、深度的解读和选书参考，回应社会议题，是您了解湛庐近千位重要作者思想的独家渠道。

在每本图书的详情页，您将通过深度导读栏目【专家视点】【深度访谈】和【书评】读懂、读透一本好书。

通过这个不设限的学习平台，您在任何时间、任何地点都能获得有价值的思想，并通过阅读实现终身学习。我们邀您共建一个与最聪明的人共同进化的社区，使其成为先进思想交汇的聚集地，这正是我们的使命和价值所在。

CHEERS

湛庐阅读 App
使用指南

读什么

- 纸质书
- 电子书
- 有声书

与谁共读

- 主题书单
- 特别专题
- 人物特写
- 日更专栏
- 编辑推荐

怎么读

- 课程
- 精读班
- 讲书
- 测一测
- 参考文献
- 图片资料

谁来领读

- 专家视点
- 深度访谈
- 书评
- 精彩视频

HERE COMES EVERYBODY

下载湛庐阅读 App
一站获取阅读服务

版权所有，侵权必究
本书法律顾问　北京市盈科律师事务所　崔爽律师

图书在版编目（CIP）数据

蒙台梭利家庭方案．0 ～ 3 岁 / 尹亚楠，吴永和著．
— 杭州：浙江科学技术出版社，2023.10（2025.8 重印）
ISBN 978-7-5739-0588-8

Ⅰ．①蒙…　Ⅱ．①尹…②吴…　Ⅲ．①家庭教育—儿童教育　Ⅳ．① G782

中国国家版本馆 CIP 数据核字（2023）第 064778 号

书　　名　蒙台梭利家庭方案：0～3岁
著　　者　尹亚楠　吴永和

出版发行　浙江科学技术出版社
地址：杭州市环城北路177号　　邮政编码：310006
办公室电话：0571-85176593
销售部电话：0571-85062597
E-mail:zkpress@zkpress.com
印　　刷　唐山富达印务有限公司

开　　本	710mm×965mm　1/16	印　　张	17.25
字　　数	239 千字	插　　页	2
版　　次	2023 年 10 月第 1 版	印　　次	2025 年 8 月第 6 次印刷
书　　号	ISBN 978-7-5739-0588-8	定　　价	79.90 元

责任编辑　柳丽敏　　　　责任美编　金　晖
责任校对　张　宁　　　　责任印务　田　文